后端产品经理宝典

泛后台PM知识与实战一本通

赵世哲 著

電子工業出版社
Publishing House of Electronics Industry
北京•BEIJING

内 容 简 介

本书是市场上少有的针对后端产品经理职业学习和进阶的图书，内容来自笔者多年一线工作经验的总结，每一个知识点都源于实战，每一个章节都有归纳总结。本书的知识成体系，方法可复制，收获可预期，能够帮助读者获得宝贵的一手知识，轻松入职，并使个人能力得到稳定提升。

本书共 6 章，可概括为三个大部分：与后端产品经理密切相关的技术知识，从需求获取到发布上线的流程和方法，以及数据分析、项目管理等扩展能力。

本书适合泛后端（后台）产品经理、有志于成为产品经理的人士阅读，也可以作为高校、培训机构相关课程的教材。

图书在版编目（CIP）数据

后端产品经理宝典：泛后台 PM 知识与实战一本通/赵世哲著. —北京：电子工业出版社，2020.2
ISBN 978-7-121-37744-0

Ⅰ. ①后… Ⅱ. ①赵… Ⅲ. ①企业管理—产品管理 Ⅳ. ①F273.2

中国版本图书馆 CIP 数据核字(2019)第 240161 号

责任编辑：林瑞和
印　　刷：北京天宇星印刷厂
装　　订：北京天宇星印刷厂
出版发行：电子工业出版社
　　　　　北京市海淀区万寿路 173 信箱　　邮编：100036
开　　本：720×1000　1/16　印张：16　字数：246 千字
版　　次：2020 年 2 月第 1 版
印　　次：2022 年 1 月第 4 次印刷
定　　价：59.00 元

凡所购买电子工业出版社图书有缺损问题，请向购买书店调换。若书店售缺，请与本社发行部联系，联系及邮购电话：（010）88254888，88258888。

质量投诉请发邮件至 zlts@phei.com.cn，盗版侵权举报请发邮件至 dbqq@phei.com.cn。

本书咨询联系方式：010-51260888-819，faq@phei.com.cn。

前言

在当今互联网蓬勃发展的时代，行业对产品经理的要求也越来越高，并且更加垂直化、专业化。产品经理必须不断学习，提升自身能力，学习的途径之一就是阅读专业书籍。

当前关于互联网产品经理的书籍有很多，但其中大多数都是围绕前端产品经理进行介绍的，针对后端产品经理的书并不多。一方面是由于后端产品的市场影响力相对较小，另一方面是由于后端产品多数是“孤岛”一般的内部产品，各个公司有自己的风格，不容易实现整齐划一。

这恰恰反映了与后端产品经理相关的书籍的必要性。

基于多年的后端产品工作经验和相关知识总结，笔者编写了这本《后端产品经理宝典》。一方面希望为后端产品经理知识库添砖加瓦，另一方面希望为后端产品经理行业的新人提供一点帮助。

本书结构

本书内容分为以下 6 章。

第 1 章，围绕主题，概述后端产品和后端产品经理的相关知识。

第 2 章，讲解与后端产品经理关系较为密切的技术知识，包括网页知识、数据和数据库、系统间数据对接等，以帮助产品经理更好地理解和解决相关问题。

第 3 章，讲解后端产品的需求处理流程，包括需求调研、方案设计、需求文档语法规则设定、需求跟进等，以帮助产品经理掌握成熟的工作流程，提高需求处理的效率和质量。

第 4 章，讲解后端产品典型的页面交互方案、典型的功能模块案例、线上问题分析和处理方法等内容，让产品经理在处理日常工作时得心应手，游刃有余。

第 5 章，讲解互联网项目管理的基础知识、数据分析、沟通表达、团队协作，以帮助产品经理拓展自身业务水平，更好地为产品赋能。这一章内容都是产品经理提升自身能力的加分项。

第 6 章，讲解产品经理基本修养中的执行力、商业思维、影响力的打造和深度思考能力。

适合阅读本书的读者

本书适合泛后端（后台）产品经理阅读。泛后端（后台）产品经理是指，所负责的产品具有业务逻辑复杂、跨系统数据流转频繁、运算和规则较多等后端产品特征的管理者和产品经理。

有志于成为后端产品经理的其他行业人士和即将毕业并开始求职的大学生也适合阅读本书。

本书也可以作为各大高校、培训机构相关课程的教材。

感谢

互联网技术和产品模式日新月异，书中提到的交互思路、校验规则、典型模块等知识可能不会一成不变地流行下去，但后端产品经理的工作逻辑却是长时间有效的。开卷有益，笔者希望本书可以拓展大家的思路，启发未来。

最后，感谢大家能够阅读本书，这是笔者的荣幸，在此诚恳地欢迎大家批评指正，欢迎讨论分享。

赵世哲

读者服务

微信扫码：37744

- 获取博文视点学院 20 元付费内容抵扣券
- 获取免费增值资源。
- 加入读者交流群，与更多读者互动。
- 获取精选书单推荐。

目录

第 1 章

低调的后端——后端产品和后端产品经理

提起互联网产品，大多数人想到的就是手机 App、门户网站、小程序等。实际上，还有一部分产品，普通用户在市场上其实完全看不到，它们低调地参与着互联网世界的运转。

它们就是后端产品。后端产品对应的产品负责人，就是后端产品经理。

1.1 后端产品

1.1.1 什么是后端产品

在定义后端产品之前，我们先了解一下“产品体系”的概念。

产品体系是指一系列相关的产品集群，这些产品之间相辅相成，为实现共同的目标配合工作。比如某打车应用，其产品体系包括司机端、乘客端和后台管理系统，其中乘客端又有手机App、微信服务号、PC网页端。在该案例中，提供给目标用户（包括乘客和司机）使用的产品，就是前端产品；为前端产品提供数据处理、参数配置、逻辑运算等服务的，起到管控和支撑作用的产品（后台管理系统），就是后端产品。

如果给后端产品下个定义，那就是：在一个产品体系中，为前端产品提供数据处理、参数配置、逻辑运算、策略机制等服务的，起到管控和支撑作用的产品或系统。

需要注意的是，后端产品不仅仅指管理后台，还包括专门进行特定运算和处理的服务化中间件、公用的资源管理系统等。比如，电商网站会有自己对应的网站管理后台系统，主要用来处理商品的上传、下架、管理等操作，其是一种后端产品，不过仍有其他后端产品，比如仓库管理系统（WMS）、ERP管理系统、服务化搜索引擎、第三方风控系统等，用于支撑它。

后端产品，是和前端产品相对应的概念。

提到前端产品，大家想到的就是被推向市场最前沿的产品。它们服务的用户群体比较广泛，产品追求人性化、通用化、极佳的用户体验和市场竞争力。通常我们在应用商场中下载的 App，或者在电脑浏览器上打开的页面，就是前端产品。

提到后端产品，大家想到的就是趋向于企业或团队自用的、起到支撑和服务作用的、针对性和专业性比较强的产品。后端产品往往和分布式部署、企业内部、产品后台、数据、逻辑等概念相关联。它们常常体量较大，架构复杂。

需要注意的是，无论是 B 端产品还是 C 端产品，只要是一个完整的产品体系，都会包括产品化的前端部分和后端部分，只是某些产品的前、后端模块会被聚合在一起。

伴随整个互联网行业的发展成熟，后端产品的需求会逐渐加大，这也是一个行业归于理性和现实的必然过程，因为后端产品从性能、策略、机制、数据、底层架构等层面为产业赋能的力度和潜能是巨大的，而且不容易复制和替代。

1.1.2 后端产品的特点

1. 后端产品的信息体量庞大

后端产品承载的信息体量庞大，往往包含大量的报表生成、导入导出、基础数据维护等功能，更多承担数据流转、系统对接、算法机制等偏向技术层面的工作。

2. 后端产品用户群体小，但角色多

后端产品的使用者往往是产品所属企业的技术人员或专业的管理人员。后端产品虽然也是被“人”所使用，但这个“人”不是张三、李四这种普通大众，而是客服专员、营销人员、财务人员、实施工程师等，他们代表的不是他们自己，而是不同的角色，代表着不同团队、部门、公司等业务组织。他们使用这个产品不是因为喜欢它，而是因为他们要通过它来完成某种业务。

因此，后端产品用户群体相对较小，普通用户感知不到或者没有机会接触后端产品。尽管如此，后端产品又要满足众多角色的需要，因此产品经理在后端产品功能规

划中，要清楚了解不同角色的权限是如何的，才能满足用户对各级权限的要求。

3. 后端产品设计更偏理性

后端产品因为远离普通用户、缺少曝光率，所以相对弱化了对交互体验、视觉体验等表层的关注，转而关注产品的功能性。由于后端产品承载了繁重的数据交互和逻辑运算等工作，因此用户对性能、可扩展性、自动化等方面要求较高。

前端需要什么支持，后端就要提供什么服务，这赋予了后端产品作为工具的属性。因此，在设计后端产品的过程中，最重要的是分析业务场景、依赖关系、逻辑规则、响应速度、安全性等工作，这些都是偏向于理性思维的内容。

4. 后端产品的衡量指标不易量化

对于前端产品来说，无论产品目标是什么，通常都可以找到量化的指标。比如，产品目标是增加用户量，就可以使用拉新数、日活、月活、留存率等指标来衡量；如果产品目标是增加收入，就可以使用ARPU值、付费用户比率、收入总额等指标来衡量。后端产品则很难有可以量化的指标去衡量。

后端产品背后的业务可以有各种量化的指标，但这些指标是用来衡量业务的，而不能直接衡量支持业务的后端产品系统。

5. 后端产品的用户通常能接受一定的学习成本

前端产品的用户对产品易用性的要求较高，因此，前端产品更需要注重用户心智模型，追求简单易用，降低用户认知和操作的学习成本。而对于后端产品来说，由于其本身具有功能复杂、层级较深等特点，用户通常很难一看就知道该怎么操作。

因此，后端产品用户相对来说能够接受较高的学习成本。提供FAQ（常见问题解答）给用户是很正常的，而且往往还要专门组织周期性的培训。

6. 后端产品在不同阶段往往会经历耦合或拆分

在初期阶段，后端产品往往会将很多功能耦合在一起，以便节约资源，方便管控。比如一个大后台就包含并满足了用户对后端产品功能的所有需求。

但是随着业务规模增大、服务性能降低、旧代码的缺陷增多，后端产品就只能进行拆分、解耦、重构，将某些业务功能拿出来，做成独立的系统，例如电商的仓库系统（WMS）、订单管理系统（OMS）、商品管理系统（PDM）、物流系统（TMS）等。有时，我们甚至会将运算压力较大的模块从系统中拿出来单独做成微服务化中间件。

1.1.3 相关概念的澄清

1. 后端产品与 B 端产品

后端产品与 B 端产品这两个概念常常被人混淆，因为二者有很多交叉的部分和相似的属性，但是二者并不等同。

B 端产品，即为企业或商业公司提供服务的产品，比如钉钉 App。B 端产品往往是和 C 端产品相对应的概念，是按照产品的服务对象定义的，与产品的战略定位有关。

后端产品是和前端产品相对应的概念，是按照产品在整个产品体系中的功能和职责定义的，与产品分工和职责层面相关。

因此两者是不同维度的定义，有交叉的部分，但并无包含的关系。无论是 B 端还是 C 端产品（体系），都会有对应的前端和后端产品部分。

2. 技术层面的前、后端，与产品层面的前、后端

技术层面的前、后端，通常指的是前端开发和后端开发，是技术领域的前后端分离的产物。前后端分离进行开发，是互联网项目开发的普遍方式。技术前、后端开发人员的职责和技能要求不同，分工协作，有助于专业性的提升。

由此可见，前、后端开发技术，与前、后端产品不是一个领域的概念。前者是技术分工，后者是产品分类。需要注意的是，“前端开发写的代码呈现出来的就是前端产品，后端代码呈现出来的可视化界面就是后端产品”这种说法是错误的。

1.1.4 后端产品是如何参与工作的

我们通常只知道用户使用互联网产品有目的地完成了某项任务，那么其中后端产品承担了哪些任务，是如何参与工作的呢？我们可以通过如下网上购物的场景进行简单描述。

当你浏览商品的时候，商品详情和价格可能会不定时地变动，但这并不是通过前端网页的某个修改按钮来实现的，而是通过后端产品（商品管理系统）来实现的。

当你点击“加入购物车”按钮的时候，可能同一时间有很多人也在选择这个商品，而仓库库存是有限的，如何确保当两个人同时将该商品加入购物车时，两人都能买到这个商品？会不会出现买空的现象呢？这就是后端产品（仓库管理系统）执行了扣减库存、锁住库存、超时释放库存等操作来实现的。

当你去查看物流信息的时候，物流商的物流轨迹会准确关联到你的订单上，这就是后端产品（物流管理系统）对接了物流商的物流数据，然后被网站调用后呈现的效果。

除了上述例子，还有很多使用场景中都有后端产品的参与和协助。总体而言，后端产品往往不会主动出现在普通用户面前，而是通过调取、访问等系统间的交互过程，间接为普通用户提供服务的。

1.1.5 后端产品设计的要点

设计后端产品，不能只局限于页面层面，而要基于整个产品体系的宏观需求来考虑，要同时满足后端产品系统对性能、稳定性、错误处理机制、逆向机制、扩展性等方面的需求。

（1）性能：系统必须满足的性能要求，通常包括处理速度（响应时间）、信息量、安全性等。比如“支付系统必须在半分钟内返回用户支付状态”就是一项性能需求。

（2）稳定性：指的是系统的可靠性、持久性。比如“商品系统在一个月内不能出现 2 次以上故障”就是一项稳定性需求。

（3）错误处理机制：系统对错误要有响应机制，并且支持快速纠错。比如当“订单取消后，用户支付已成功”的情况出现时，系统该怎么实现退款。

（4）逆向机制：比如订单的正向需求是下单和支付，那么退货、退款的实现机制自然也要考虑。

（5）可扩展性：主要表现在两方面。一方面，明确那些虽然不属于当前系统开发范畴，但将来可能会加入的需求，并为这部分需求做预留和铺垫；另一方面，一些变量的取值或参数可能需要时常调整，那么就要支持这种取值的可变化性，比如做成可配置项。

1.2 后端产品经理

1. 产品经理的精细化发展

互联网产品有多种分类方式，因此产品经理也有多种类型。比如：用户体验产品经理，专门打磨产品的视觉、交互等用户体验；策略产品经理，承担产品部分业务层面的策略规划；商业产品经理，思考产品的变现手段和盈利模式，如广告栏位的出租、植入等；后端产品经理，负责后端产品的业务调研、逻辑梳理、系统对接等工作，确保后端产品的实现，并令其稳定高效地运行。

从近年的招聘现状来看，绝大多数互联网产品经理岗位都明确描述了所招聘的产品的细分类型，比如商业产品经理、日语内容产品经理、后端产品经理等。定位的精细化为提升专业性提供了保障，同时对产品经理而言，也需要找到自己主攻的领域，以此为突破口，做到术业有专攻，努力打造专业的软技能和硬技能。

2. 后端产品经理

后端产品经理，就是负责后端产品的产品经理。

后端产品经理主要面向的是公司或业务人群，需要更多地深入业务本身。他们可能会和编辑、运营、客服等人员打交道，经常需要串联起多个部门一起做需求调研或沟通。后端产品经理需要更了解技术方案层面的知识，包括技术实现原理、数据处理机制、系统对接方案等。此外，后端产品经理更注重跨部门工作的协同能力、问题处理能力、开发进度的推动能力等。我们来看一则企业招聘后端产品经理的职位要求。

（1）拥有优秀的逻辑思维能力，熟悉 UCD 方法和工作流程；

（2）熟悉 Web 前端技术和数据库相关的技术应用；

（3）熟悉视觉设计，了解 HTML/CSS 原理，了解 Flash 相关知识；

（4）能够针对后端运营系统的可用性和业务效率做优化调整，不断完善后端产品系统以提高业务部门效率，节约公司运营成本；

（5）了解企业结算体系，能够根据财务需求，进行结算、对账、差错处理等相关产品设计；

（6）熟悉网站运营后台的产品设计，特别是互联网电商后台系统或其他后端平台；

（7）能够设计后端产品功能模块、数据结构、业务逻辑，熟悉后端开发的规范、流程；

（8）熟悉运营系统、客服系统、CRM 系统设计。

从上面的后端产品经理职位描述可以看出，除了掌握作为产品经理的基本技能之外，后端产品经理还要了解相关的业务、技术，掌握相关的逻辑思维。

3. 后端产品经理和前端产品经理的对比

前端产品经理，就是负责前端产品的产品经理。前端产品经理和后端产品经理的对比，包括但不限于如下内容。

（1）注意力重心有所不同

前端产品经理更关心产品的用户体验，对 UI 细节、交互方式、满足用户心理等方面的要求更高。前端产品经理追求产品的精简、好看、易用、转化率、用户黏性等方面，因此可能会花更多时间推敲一个按钮的位置或字体颜色，而对业务逻辑方面的注意力投入相对较少。前端产品经理在业务逻辑和用户体验上的注意力对比，如图 1-1 所示。

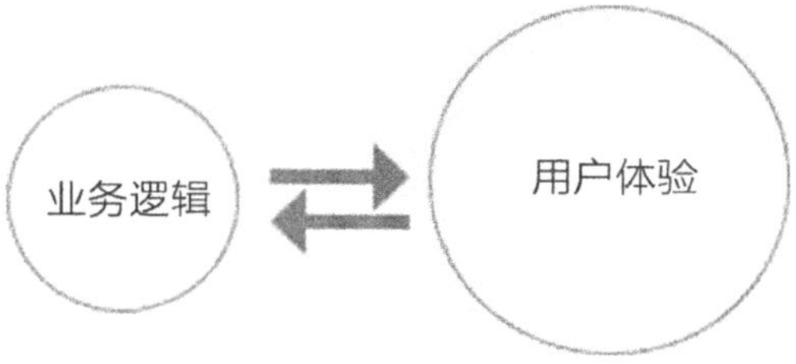

图 1-1　前端产品经理在业务逻辑和用户体验上的注意力对比

后端产品经理更注重业务逻辑和功能机制，对业务调研、逻辑分析、方案设计等方面有较高要求。后端产品经理常常要围绕业务需求来考察方案的合理性、系统的稳定性、可扩展性等，而对用户体验的注意力投入相对较少。后端产品经理在业务逻辑和用户体验上的注意力对比，如图 1-2 所示。

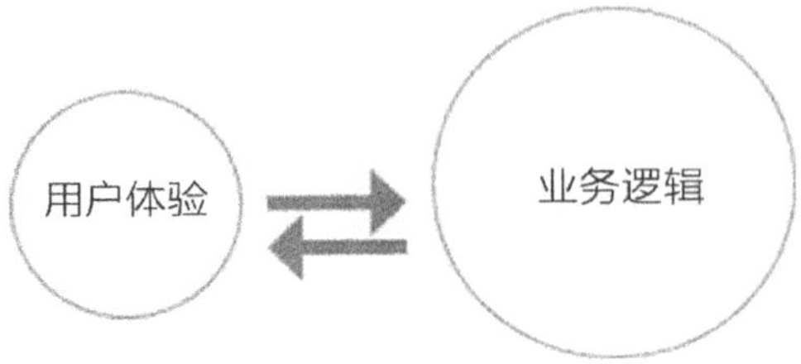

图 1-2　后端产品经理在业务逻辑和用户体验上的注意力对比

当然，这里并不是说后端产品经理不追求用户体验。在企业资源和团队资源充足的情况下，后端产品经理也会对后端产品的用户体验进行优化和琢磨，追求产品整体质量的提升。

（2）市场的需求量有所不同

在以往的日子里，相对于前端产品经理，后端产品经理的市场需求较少。一方面，小公司、小数量级的产品体系通常不需要专门的后端产品经理；另一方面，长期以来，互联网产品多数是靠前端产品占领市场的，资本通常比较充足，再加上流量红利，其业务压力不大，所以之前并不需要很强的后端支撑。

但是伴随着整个互联网行业的发展，前端产品的驱动优势不再像以前那么明显，企业越来越需要扎实的后端产品作为支撑，以保证持续赋能。尤其在大数据产业、人工智能领域或者业务门槛本来就高的行业（如金融）里，做产品一定离不开后端产品经理。未来后端产品人才的需求会逐渐增大。

4. 后端产品经理的基本能力

后端产品经理应具备三个方面的基本能力：产品能力、业务能力、技术能力。

（1）产品能力

产品能力，也就是互联网产品经理所需要具备的通用能力，比如熟悉产品设计的基本原则，有一定的互联网产品实战经验，有成熟的产品人思维等。

具体来讲，产品能力包括但不限于：①统筹建立产品的全局，把握产品整体框架；②系统地建立业务模型，以业务思维规划、设计产品；③有序地拆分系统需求，平衡内聚和耦合的压力；④合理预留系统扩展，设计短期和长期产品方案；⑤准确地处理好业务流、信息流、数据流，为产品的顺畅运行提供基础；⑥适时地编排需求的优先级次序，把控需求进度；⑦其他，比如熟练使用原型工具、流程工具、演示工具、项目管理工具、文档用例工具等。

（2）业务能力

后端产品是为业务服务的，所以产品经理最好有一定的相关业务背景。比如针对跨境电商业务，后端产品经理起码知道“保税”“清关”“FBA 物流”等概念，如果不懂业务就需要加强业务学习。

除了业务本身，后端产品经理还要了解业务背后的产业链条、行业文化、业务习惯、市场动态、社会影响等。后端产品经理在实现产品需求时，要始终围绕业务闭环，聚焦后端产品对整体业务发展的赋能作用。

（3）技术能力

这里的技术能力，并非是指后端产品经理对计算机专业技术能力的掌握，而是指其对技术的理解，和对技术转化能力的理解。

后端产品经理需要具备基本的技术常识，知道什么技术能实现什么功能，以及基本的实现原理。后端产品经理要关注最新的技术进展，了解当前业务功能有哪些新的或更优的实现方案等。

5. 后端产品经理的工作日常

一般而言，后端产品经理的日常工作是处理需求，比如获取需求、整理需求池、调研需求、设计需求方案、输出需求文档、评审需求、跟进开发和测试、发布上线、线上复盘等。

此外，后端产品经理还要配合其他事项，比如开展用户培训、协助处理线上 BUG 和疑问、输出 FAQ（常见问题解答）、实地考察和体验业务模式等。

总体而言，后端产品经理是一个对于连贯性、系统性、逻辑性要求高的，业务色彩浓厚的职位。

1.3 本章小结

本章介绍了后端产品和后端产品经理的相关概念。

后端产品位于产品体系的后端，起到支撑和服务的作用，其用户往往是企业、组织的员工，带有强烈的业务角色属性。后端产品的主要特点是逻辑复杂、功能庞大，追求更好地为产业赋能。

后端产品经理的工作重心往往在逻辑和业务上。除了要掌握产品基本能力以外，后端产品经理还要熟悉业务流程，并对技术有一定的了解。在通常情况下，比起用户体验，后端产品经理更重视业务逻辑。

第 2 章

近水知鱼性——后端产品经理需要了解的技术知识

所谓“近水知鱼性”，产品经理应该了解一些技术知识，才能更好地完成产品的方案设计和技术评估，提高需求实现的质量和效率。

与后端产品经理的工作关系最为密切的技术知识，主要包括网页相关知识、数据库相关知识、系统间数据对接知识等。

2.1 网页相关知识

随着互联网的快速发展，更多形态的互联网产品面世并带给人们丰富的体验。在各种互联网产品中，网页（Web 页面）依然是最大的信息载体，而后端产品几乎都是网页形式的，因此了解网页的有关知识，对于后端产品经理的工作很有必要。

2.1.1 网页的前端、后端技术

1. 网页前端“三剑客”

典型的网页一般是由 HTML、CSS、JavaScript 三种语言共同完成的，这三种语言常被称为网页前端“三剑客”。HTML 相当于一个文档，它通过标签把信息进行编排和呈现；CSS 可以对这些文档进行修饰、美化，提升视觉效果；JavaScript 实现了网页和用户的互动。如果把页面比作一扇门，那么 HTML 是门板，CSS 是色泽或花纹，JavaScript 就是门的把手。

（1）HTML——网页的主体

HTML 是超文本标记语言。之所以被称为“超文本”，是因为它不仅仅适用于纯文字，还可以对图片、音乐等超出文本的内容进行标记。

HTML 并不是一种编程语言，而是一种标记语言，是一种协议和规范。HTML 代码相当于一个带有规范的文档，文档中包含的是呈现给用户的信息，包括文字、图片、链接、声音等。HTML 提供了一些标签，用标签标记的方法把想要传递给用户的信息进行有序的排列，并通过浏览器的解析而呈现给用户。

HTML 文件的格式如下。

```
<html>
<body>
<head>我的第一个标题</head>
<p>我的第一个段落。</p>
</body>
</html>
```

我们可以看到，在 HTML 中有很多用“< >”符号括起来的标识，这就是标签。标签就是标识信息展示方式的规范。标签有开始和结束两部分，两者成对出现，用斜杠“/”表示结束，比如 “</head>”。注意，少量 HTML 元素没有结束标签。

如上例所示，用顶层标签<html>和</html>表示这是一个页面，页面的内容就放在<html>和</html>之间。在“头”部标签<head>和</head>之间存放页面的标题，标题可以有多个，所以标题标签可以有多组。在“主体”标签<body>和</body>之间存放网页的主体内容（如我们看到的正文的文字、图片等）。

由于在网页的主体中有不同类型的内容，因此<body>和</body>之间往往夹杂很多不同的标签。

段落是通过<p>标签进行定义的，示例如下。

```
<p>This is a paragraph.</p>。
```

链接是通过<a>标签进行定义的，结构就是<a href="url">Link text</a>，其中 href 表示单击链接后跳转的地址，示例如下。

```
<a href="http://www.broadview.com.cn/">Visit Broadview </a>
```

图像是通过<img>标签进行定义的，其中 src 是图片的地址，示例如下。

```
<img src="ssl.jpg" width="104" height="142"/>
```

此外，<table>标签标记表格，<input>标签标记输入框，<ul>标签标记无序排列，

<style>标签表示插入 CSS 代码，<script>标签表示插入 JavaScript 代码。

某网站首页的部分代码如图 2-1 所示。

```
<html>
<head>

    <meta http-equiv="content-type" content="text/html;charset=utf-8">
    <meta http-equiv="X-UA-Compatible" content="IE=Edge">
    <meta content="always" name="referrer">
    <meta name="theme-color" content="#2932e1">
    <link rel="shortcut icon" href="/favicon.ico" type="image/x-icon" />
    <link rel="search" type="application/opensearchdescription+xml" href="/content-search.xml" title="搜索" />
    <link rel="icon" sizes="any" mask href="//www.com/img/85beaf5496f291521eb75ba38eacbd87.svg">


    <link rel="dns-prefetch" href="//s1.com"/>
    <link rel="dns-prefetch" href="//t1.com"/>
    <link rel="dns-prefetch" href="//t2.com"/>
    <link rel="dns-prefetch" href="//t3.com"/>
    <link rel="dns-prefetch" href="//t10.com"/>
    <link rel="dns-prefetch" href="//t11.com"/>
    <link rel="dns-prefetch" href="//t12.com"/>
    <link rel="dns-prefetch" href="//b1.com"/>

    <title>一下，你就知道</title>


<style id="css_index" index="index" type="text/css">html,body{height:100%}
html{overflow-y:auto}
body{font:12px arial;text-align:;background:#fff}
body,p,form,ul,li{margin:0;padding:0;list-style:none}
body,form,#fm{position:relative}
td{text-align:left}
img{border:0}
```

图 2-1　某网站首页代码截图（局部）

在开发页面时，程序员就是使用这些标签，制作出页面的。

（2）CSS——进行样式的修饰

CSS 的全称是“层叠 CSS 文件”，用于定义如何显示 HTML 元素或 XML 元素，比如指定文字的颜色、大小、字体，以及按钮或输入框的样式等，然后将其插入到 HTML 网页的<style>标签中，这样展示出来的就是 CSS 设置的风格了。其主要作用就是对页面进行修饰，实现更好的视觉效果，让用户接收信息更加舒服自然。

CSS属于浏览器解释型语言，可以直接由浏览器执行。CSS的代码结构举例如下。

```
<html>
<head>
<style>
```

```
body {background-color:yellow;}
h1   {font-size:36pt;}
h2   {color:blue;}
p    {margin-left:50px;}
</style>
</head>
<body>
<h1>This header is 36 pt</h1>
<h2>This header is blue</h2>
<p>This paragraph has a left margin of 50 pixels</p>
</body>
</html>
```

（3）JavaScript——实现操作行为

JavaScript（简写为 JS）是用来控制网页的行为效果的，即内容应该如何对事件做出反应。例如它可以设置鼠标悬停效果、在客户端验证表单、显示警告框、设置 Cookie 等。

使用 JavaScript 代码可以为网页添加各式各样的动态功能，为用户提供更流畅美观的浏览效果。网页中所有对数据进行判断、处理的操作，以及向浏览者反馈信息的本地代码实现部分，均可以由 JavaScript（当然也有可能是其他的语言）实现。使用 JavaScript 可以使网页更具交互性，给用户提供更令人兴奋的体验，同时减轻了服务器负担。

通常，JavaScript 脚本也是通过嵌入 HTML 中来实现自身功能的，其通常位于<script>与</script>标签之间，示例如下。

```
<script>
alert("My First JavaScript");
</script>
```

2. 网页后端技术

HTML、CSS、JavaScript 三剑客完成了网页的视觉和交互层面的工作，那么谁来完成数据的逻辑处理和规则运算工作呢？这时候就需要后端开发语言，比如 PHP、Java 等。

PHP 是一种通用解释型开源脚本语言，具有开发周期短、跨平台、安全、使用广泛等特点。PHP 语言将程序嵌入到 HTML 文档中去执行，执行效率高。使用 PHP 语言能够更快地完成网页前端频繁而琐碎的更新，自如地应对各种业务需求的变化。因此，页面的结构调整、用户输入内容的基本验证、规则逻辑等，都适合使用 PHP 开发。

Java 也是常用的后端语言，它可以有效地提高复用度、提升性能和吞吐能力、规避安全问题。Java 语言的运行效率高，不容易犯错，适合大中项目。但 Java 语言也有缺点，比如其开发复杂、维护成本高等。在国内的大公司里，偏业务的程序员一般都会使用 Java 语言。

当然还有其他语言可用于处理底层逻辑运算，比如 ASP.NET、C++等语言。

一个完整的网站通常由前端代码实现界面效果，由后端代码完成逻辑运算和数据处理。这种前后端分离的模式，确保网页性能稳定、快速且安全。

2.1.2 浏览器

1. 浏览器的概念

网页是通过在浏览器上加载来呈现的。浏览器的主要功能是将用户选择的 Web 资源呈现出来，其通过向 Web 服务器请求资源，并对资源进行解析，将资源中的内容显示在浏览器窗口中。

浏览器的种类比较多，对规范的遵循方式并不一致，这也是 Web 页面兼容性问题的根源。浏览器的用户界面都差不多，常见的用户界面元素包括：地址栏、前进和后退按钮、书签选项、刷新和暂停按钮、主页按钮等。

2. 浏览器的主要组件

浏览器相当于一个应用程序，其展示的内容是由其访问的服务器提供的。浏览器支撑浏览功能的组件包括但不限于如下。

（1）用户界面：即用户看到的界面，主要包括地址栏、前进和后退按钮、书签等，也就是浏览器上除了用来显示所请求页面的主窗口之外的其他部分。

（2）渲染引擎：用来解析并渲染所请求的内容，即在浏览器窗口中显示所请求的内容，比如使用 PDF 查看器插件就能显示 PDF 文档。渲染引擎是每一个浏览器的核心部分，所以渲染引擎也称为浏览器内核。

（3）浏览器引擎：用来查询及操作渲染引擎的接口，这也是一个核心功能，相当于浏览器的动力装置。

（4）JavaScript 解释器：用来解释并执行 JavaScript 代码的工具。

（5）数据存储：浏览器需要在硬盘中保存类似 Cookie、缓存的各种数据，其是一种客户端存储技术。

（6）其他组件。

3. 主流浏览器和壳浏览器

主流浏览器：拥有独立内核的浏览器被称为主流浏览器。表 2-1 就是常见的主流浏览器。

表 2-1　常见的主流浏览器

浏览器	内　核
Chrome	Blink
Safari	Webkit
IE	Trident
Firefox	Gecko

壳浏览器：在某个浏览器内核之上增加相应的辅助功能，并改变其名称与外观的浏览器，比如360极速浏览器、UC浏览器、搜狗浏览器、猎豹浏览器、QQ浏览器、2345浏览器等。

2.1.3 相关的协议和概念

1. TCP/IP、HTTP协议

浏览器能够获取并展示页面内容，是通过一些网络协议实现的。网络协议也就是网络标准规范，主要有TCP/IP协议、HTTP协议等。

（1）TCP/IP协议

TCP/IP协议，指传输控制协议/网际协议（Transmission Control Protocol/Internet Protocol），是用于因特网（Internet）的通信协议，定义了电子设备（比如计算机）如何连入因特网，以及数据如何在它们之间传输的标准。

浏览器展示网页内容，需要从服务器获取网页数据，这时候就需要从浏览器（相当于客户端）发起HTTP请求到服务端，而该请求是基于TCP/IP协议才能生效的。

（2）HTTP协议

HTTP协议，即超文本传输协议（HyperText Transfer Protocol），是互联网上应用最为广泛的一种网络协议。

浏览器获得了服务器的数据信息之后，该数据信息可能是散乱无序的，如何规范地按照设计者的期望展示给用户呢？这就用到了HTTP协议。HTTP协议是在TCP/IP协议基础之上建立起来的，其初衷是为了提供一种发布和接收HTML页面的方法。

（3）工作过程

当浏览器输入服务器的IP地址后，即开始通过TCP/IP协议向服务器发起HTTP

请求，建立起与服务器的连接通道。该通道从服务器 IP 地址获取服务器页面数据，然后根据 HTTP 协议按照一定格式予以响应，显示页面。这就是通过浏览器访问页面的框架性的机制和流程。该过程如图 2-2 所示。

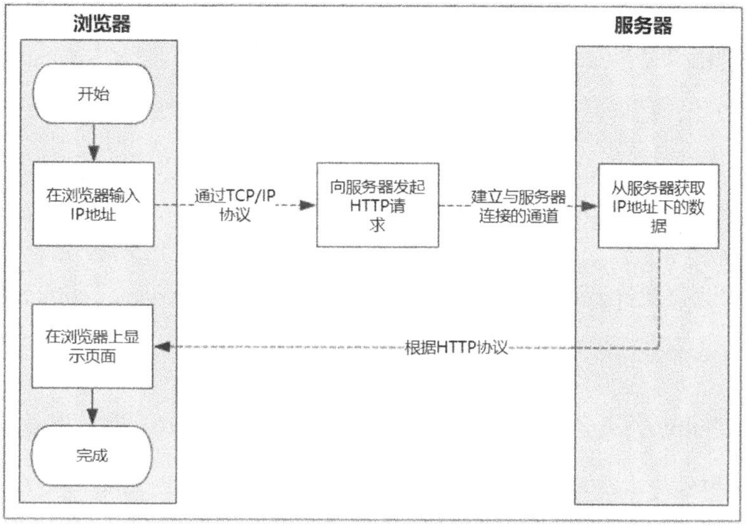

图 2-2　浏览器访问页面的框架性流程示意图

2. IP 地址、域名、网站名、URL、端口

（1）IP 地址

如果把计算机比作房间，那么 IP 地址就是房间的地址。IP 地址为互联网上的每一个网络和每一台主机分配一个逻辑地址，以此来屏蔽物理地址的差异。例如“163.125.121.123”就是一个电脑的 IP 地址。

服务器也有它的 IP 地址，其实就是提供服务的那台主机的地址。因此访问服务器的 IP 地址本身就是访问提供服务的主机上的信息。

（2）域名

为对应的 IP 地址指定的一个容易记住的名字，就是域名，例如“google.com”

“baidu.com”“163.com”等就是域名。注意，如果域名前面加上“www”，就不再是域名了，而是网站名。域名在本质上是用于标识计算机的电子方位。

（3）网站名

网站名是由“服务器名+域名”组成的，比如某网站的域名是“sitename.com”（此网站域名为虚构，与现实中的任何网站无关，下文同），因为想建立一个万维网的服务器，所以就有了网站名“www.sitename.com”。后来其又想运作邮箱服务器，所以也就有了邮箱网址“email.sitename.com”。

为了方便理解上面的概念，我们以网址“http://www.sitename.com/index.html”为例，其各部分的解释如下。

①“http://”是协议，也就是HTTP超文本传输协议，即网页在网络上传输的协议。

②“www”是服务器名，代表这是一个万维网服务器。

③“sitename.com”是域名，用来定位网站的独一无二的名字。

④“www.sitename.com”是网站名，由“服务器名+域名”组成。

⑤后面的“/”是根目录。用户通过网站名找到服务器，然后就会访问服务器存放网页的根目录。

⑥“index.html”是根目录下的默认网页（大部分的默认网页都是index.html）。

（4）URL

URL即统一资源定位符，也就是我们平时说的网址。URL的构成为“IP或域名+端口号+资源位置+参数+其他”。

URL 是网页元素的绝对路径，可以用来定位任何查得到的网页、多媒体文件等。互联网上的每个文件都有一个唯一的 URL，它包含了文件的位置，以及浏览器对其处理的方式。比如页面上的每一张图片，都有它独一无二的 URL，让你在浩瀚的数据世界中找到它。

2.1.4 Web 服务器

1. 服务器

（1）服务器的概念

服务器就是指能对其他设备（客户端）提供某些服务的计算机系统。比如一个计算机对外提供 FTP 服务，那么它就相当于服务器（端）。基本的服务器就是一台高性能的实体电脑，或者是云端的虚拟机（可以通过互联网租用第三方的云端服务器，比如阿里云、腾讯云）。在网络环境下，根据服务器提供的服务类型不同，其可分为文件服务器、数据库服务器、应用程序服务器、Web 服务器等。服务器与客户端的连接示意图如图 2-3 所示。

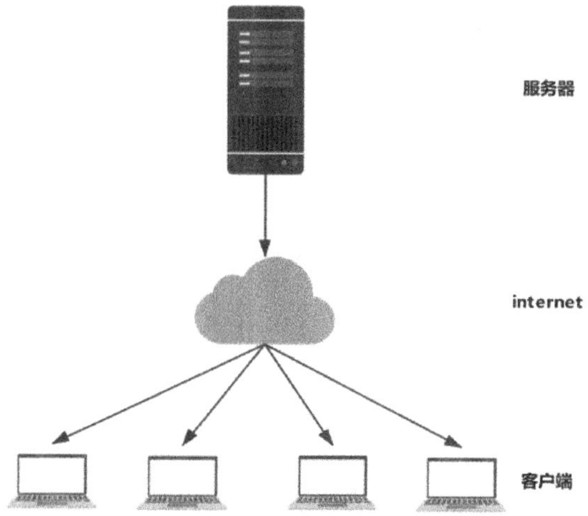

图 2-3　服务器与客户端的连接示意图

（2）服务器的特质

由于需要提供高可靠的服务，因此服务器在处理能力、稳定性、可靠性、安全性、可扩展性、可管理性等方面的要求较高，具体包括但不限于如下。

①硬件性能高：服务器在网络中通常以一对多的方式提供服务，需要承担多种应用请求，因此其硬件必须有能力保障服务质量，对内存、容量、运行速度等硬件性能的要求较高。

②稳定性和安全：服务器需要 24 小时不间断工作，要有可靠的数据备份机制、快速恢复故障的功能，以及数据保密措施。

③可扩展性：服务器需要有更广阔的扩展空间，从而随着服务对象的数量、服务业务种类的变化而进行扩展和个性化定制。

④与配套设施兼容作业：服务器常常要和附属硬件配合工作，比如交换机、负载均衡器、光缆等。

2. Web 服务器

（1）Web 服务器的概念

不管什么网页资源，若想被远程计算机访问，都必须有一个与之对应的网络通信程序。当用户访问时，这个网络通信程序会读取 Web 资源数据，并把数据发送给来访者。Web 服务器就是这样一个程序，它用于实现底层网络通信，处理 HTTP 协议。

使用 Web 服务器，开发者只需要关注 Web 资源怎么编写，而不需要关心资源如何发送到客户端手中，从而极大地减轻了开发者的工作量。

（2）Web 服务器的工作机制

Web 页面属于“B/S 架构”，即“浏览器/服务器架构”。在这种场景下，客户端使用 Web 浏览器，通过网络连接到服务器上，使用 HTTP 协议发起请求，告诉服务器“我”现在需要得到哪个页面，然后把所有的请求交给 Web 服务器，之后 Web 服务器根据用户的需要，从文件系统（存放了所有静态页面的磁盘）取出内容，再返回给客户端。客户端在接收到内容之后经过浏览器渲染解析，得到最终显示的效果。

（3）一对多和多对一的 Web 服务器

如果一个网站必须对应一个 Web 服务器主机的话，那么很多大公司（比如腾讯）就要有数不尽的服务器。实际上，在一台 Web 服务器上可以搭建多个网站。

与之相反的还有一种情况，就是多个 Web 服务器为一个网站提供服务。大型网站的 Web 服务器都有均衡负载策略：虽然是一个 IP，但对应的可能是多台内部服务器，由负载均衡策略决定每次访问落实到哪台服务器上。在这种情况下，用户所看到的 IP 地址，其实所对应的并不是一台 Web 服务器，而是一个负载均衡器，它负责分发外部请求到具体的 Web 服务器上，通过合理管理每天的网上数据流量，来减轻单个服务器上的负担，力求让网络访问者享受最佳的联网体验。负载均衡器将客户端请求分拨给不同的服务器的示意图如图 2-4 所示。

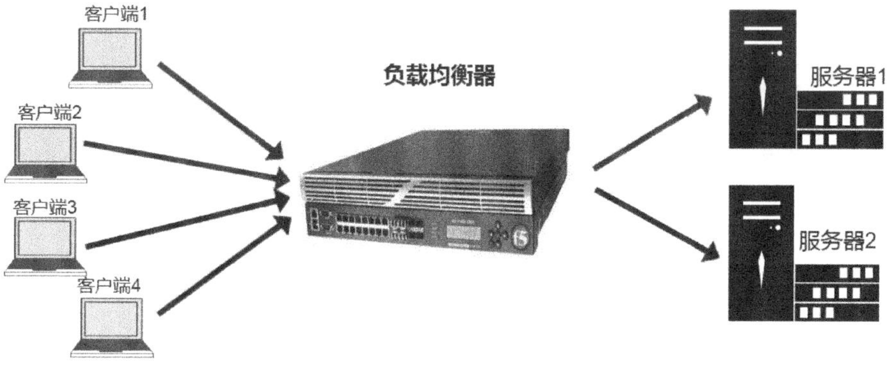

图 2-4　负载均衡器将客户端请求分拨给不同的服务器示意图

2.1.5 缓存、Cookie、Session

1. 缓存

（1）什么是缓存

缓存即数据交换的缓冲区，简单说就是临时存储数据的地方，其可以存储一些高频数据的副本。缓存无处不在，有浏览器端的缓存、服务器端的缓存、数据库的缓存等。

浏览器会缓存它浏览过的资源，包括网页、图片等数据。由于 CPU 处理缓存数据的运行速度比内存数据快得多，所以缓存的存在可以提高响应速度，减小服务器压力。

（2）缓存与数据库的对比

①范畴不同。所有具备持久化存储能力的机制，甚至包括可以直接读写的本地文件，你都可以说它是“数据库”。所有保存中间的、额外的数据的机制，你都可以说它是“缓存”。

②结构不同。数据库的存储方式严格且多样，而缓存通常是简单的“key-value”结构（key 是关键字，value 是关键字的值）的数据。

③处理速度不同。数据库是存在低速设备上的，每次访问数据库，都要经过“读/取”（I/O）过程，即从磁盘调入内存的过程，该过程是耗时、耗性能的。而访问缓存的速度非常快。从数据结构层面来说：缓存使用了异步非阻塞，使用了动态字符串，并采用了跳跃表。

④范围对比。缓存中有的数据，数据库中一定有。反之则不成立。缓存中存储的是一些请求频次比较高的数据，不是所有数据都会存储到缓存中。

2. Cookie 和 Session

倘若我们在电脑上使用账号、密码登录过某网站，那么下次进入该网站时通常会自动登录。这其实就是浏览器的 Cookie 和 Session 在起作用。这两者都是用来保存状态信息的，是为了解决 HTTP 无状态（即 HTTP 对前后请求没有任何识别能力）的问题而生的。

比如用户登录一次，就会生成 Session 文件，保存到服务器中，并对应生成 Session ID，保存到 Cookie 文件中。Cookie 文件是被保存在客户端中的，其可以在浏览器目录下被查询到。这样下次同一个用户在同一个用户端上登录时，就能够通过 Cookie 文件中的 Session ID，将登录资料调用出来。需要注意的是，如果浏览器禁用了 Cookie，那么同时 Session 也会失效。

3. 缓存、Cookie 和 Session 三者的对比

缓存与 Cookie、Session 的主要差别在于：缓存的内容比后两者更广泛、数量更大，比如会话信息、秒杀商品、热点新闻、热门商品等需要频繁查询的信息，都会保存在缓存中。从数据存储位置看，三者对比如表 2-2 所示。

表 2-2　缓存、Cookie、Session 的存储位置对比

名　称	存储位置
Cookie	保存在客户端的浏览器目录下
Session	保存在 Web 服务器的文件夹下
缓存	保存在 Web 服务器的内存区中

2.1.6　页面加载

1. 页面加载的过程分析

用户打开一个页面，页面框架中的那些不需要加载的内容会先呈现出来，之后浏

览器会逐步拉取服务器上的数据。这就是为什么当用户打开一个页面时，刚开始页面上的部分内容为空白，需要等待一会才能够载入。

用户等待的时间主要花费在下载网页元素上，这些网页元素包括 HTML、CSS、JavaScript、Flash、图片等内容。每增加一个元素，网页载入的时间就会增加。

以浏览器加载 HTML 页面为例，我们来简单看一下页面加载的整个过程。

（1）用户输入网址（假设用户第一次访问该网站），浏览器向服务器发出请求，服务器返回 HTML 文件。

（2）浏览器开始载入 HTML 代码。这时发现代码中的<head>标签内含有一个<link>标签，引用了外部的 CSS 文件，于是浏览器又发出 CSS 文件请求，让服务器返回这个 CSS 文件，在获取该文件后，浏览器开始渲染页面。

（3）与此同时，浏览器继续载入 HTML 中的<body>标签部分的代码，发现其中有一个<img>标签引用了一张图片，于是向服务器发出请求。此时浏览器不会等到图片下载完毕，而会继续渲染后面的代码。

（4）服务器返回图片。由于图片占用了网页上的一定面积，影响了后面段落的排布，因此浏览器需要重新渲染这部分代码。

（5）这时候，如果用户按下界面中的“换肤”按钮，JavaScript 代码会让浏览器更换<link>标签中的 CSS 路径，浏览器会向服务器请求新的 CSS 文件，然后重新渲染页面。

上述浏览器加载 HTML 页面的过程如图 2-5 所示。

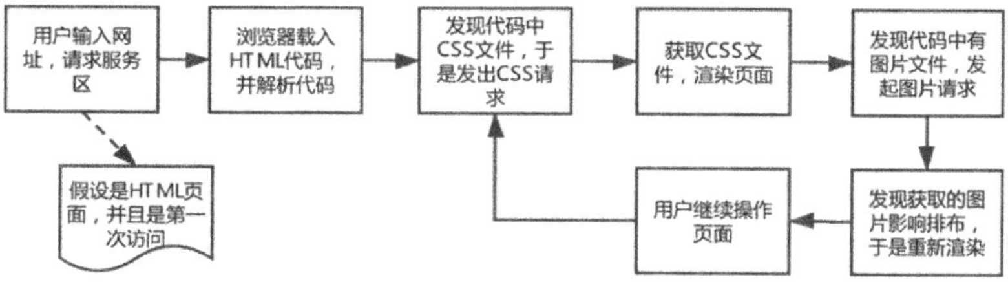

图 2-5 浏览器加载 HTML 页面示意图

按照此流程，浏览器来来回回地运行，不断将代码中的元素逐步加载出来。

2. 加载速度的重要性

用户的耐心是有限的。假如用户访问你的网站但等待过久，他就会放弃访问。许多研究表明，用户最满意的打开页面时间在 2 秒以内。如果用户等待了 12 秒以上，网页还没有载入，那么 99%的用户会关闭这个网页。

Google 曾经做过一个实验，当页面显示 10 条搜索结果时，其页面载入时间为 0.4 秒，当页面显示 30 条搜索结果时，其页面载入时间为 0.9 秒。当 Google 采用后面一个方案时，其流量和收入均减少了 20%。这就是为什么在许多电商的后台管理系统中，默认加载数据条数是 10 条。

3. 优化页面加载速度

随着技术发展，优化页面加载速度的办法有很多，常见的方案包括但不限于如下。

（1）减少文件请求次数

用户在打开一个网页的时候，等待的时间主要花费在下载网页元素（比如 HTML、CSS、JavaScript、Flash 等内容）上了，所以要想提高网页打开速度，就要减少 HTTP 请求文件次数，有效的办法如下。

①合并文件：对于文本文件，可以直接合并其内容。例如，将多个 JavaScript 文

件合并成一个，将多个 CSS 文件合并成一个。

②优化缓存：对于没有变化的网页元素（如页头、页尾等），当用户再次访问的时候没有必要重新下载，直接从浏览器缓存里读取就可以了。

（2）压缩网页元素

网页中各个元素的体积越小，下载所需的时间就越少，因此要尽可能压缩文件。现在比较成熟和流行的压缩网页的方式，是使用 Gzip（一个文件压缩程序），一般可以让网页文本内容减少 70%以上。

（3）将 CSS 文件放在网页的“head”标签中

可以将 CSS 文件（样式表）移到网页的“head”标签中，可以让页面尽快开始渲染，这样用户所感受的载入速度将会变快。将 CSS 文件放在 HTML 的“head”标签中，其代码如图 2-6 所示。

```
<html>
<head>
      < !-- 此处引入CSS -- >
</head>
<body>
      < !-- 正文内容 -- >
      < !-- 此处引入JavaScript ,在正文结尾 -- >
</body>
</html>
```

图 2-6　将 CSS 文件放在 HTML 的“head”标签中的代码

（4）把 JavaScript 文件放到网页底部

当网页被打开时，所有元素是按照顺序显示的。由于 JavaScript 文件的特殊性，其相比其他元素来说，会加载得很慢。在 JavaScript 文件下载完成之前，后面其他元素的显示将被阻塞。因此尽量把 JavaScript 文件放在网页底部。

（5）其他方法

提升页面加载速度的方法还有很多，比如压缩组件、使用外部 JavaScript 和 CSS 文件、去掉不必要的插件、使用内容分发网络等。

需要注意的是，努力提升页面加载速度的同时，也不能忽视交互响应的优化。对于用户来说，每次操作不管返回结果是慢还是快，网页都要及时响应，从而可以在一定程度上缓解用户等待网页加载的焦虑。

2.2 数据库相关知识

后端产品的很多功能都是围绕数据的存储、流转和运算等操作进行的。因此，对于后端产品经理而言，了解数据和数据库知识是非常有必要的。

2.2.1 数据

1. 数据的概念

数据，就是能够被智能设备（计算机、智能手机等）识别、存储和加工处理的信息的载体。在计算机系统中，各种文本、数字、语音、图形、图像等，统称为数据。数据经过加工后就成为信息。数据是计算机世界的运算对象，也是输出产物。

2. 数据类型

数据类型，就是一组性质相同的值的集合，以及定义在这个值集合上的一组操作的总称。我们也可以这样理解：数据类型就是对具体数据或变量的约束和归类。每一种数据都有唯一的一个数据类型（需注意，变量也可以被指定为缺省类型）。

数据类型的出现，一方面是为了把数据分成所需内存大小不同的种类（这样在编程的时候，只有在使用大的数据时才申请大内存，可以充分利用内存），另一方面是确定数据的属性（比如一个或一串字母可能代表不同的含义，需要对之加以定义，才可方便运用）。

不同编程语言规定的数据类型不同，常见的数据类型有整型、字符串型、浮点型、布尔型等。

（1）整型

整型变量表示的是整数类型的数据，其类型说明符一般为 int。其常被分为长整型、短整型等。整形变量属于数字，因此是可以进行数学运算的，如下所示。

```
int x=1;
int y=2;
int z=x+y;
```

在该例子中，z 等于 3。

（2）字符串型

字符串型可以理解为文本型。该类型的值不能直接做数学运算，只能用于展示。字符串之间可以拼接。在 Java 语言中使用 string 表示字符串类型，在 C 语言中则使用 char 表示。字符串可以是任意内容，比如“12”。

（3）浮点型

浮点型就是小数类型的数据，一般用 float 或 double 表示浮点型。比如，1.2 是浮点型数字，23e2 是科学计数法形式的浮点型数字。

（4）布尔型

布尔型可以简单地理解为判断真假的类型，一般用 bool 或 boolean 表示。布尔型的值只有两个：false（假）和 true（真）。

需要注意的是，在写与数据相关的需求文档的时候，产品经理可以对数据库中的数据类型进行定义。如表 2-3 所示，在该需求文档中对数据的定义就包括“字段类型”这一列。

表 2-3　需求文档中对数据的定义

序　号	字　段	字段注释	字段类型	取　值
1	Name	规则名称	char	从接口获取
2	Age	年龄	int	从接口获取
3	is_married	是否已婚	bool	从接口获取

不过，如果产品经理在写需求文档时不确定相关数据的类型，或者不懂如何区分数据类型，那就最好不要明确定义，以免出错。在这种情况下，我们可以以备注的形式加以说明，比如备注“该字段为整数，范围为[-100,10000]”，程序员也就明白了。

2.2.2　数据结构

1. 数据结构概念

数据结构，顾名思义，就是数据之间的结构关系。数据结构是对数据存储和组织方式的规范，是对现实中事件的运行结构或运行方式的模型化。在通常情况下，精心选择的数据结构可以带来更高的运行或者存储效率。比如，数据库的存入和读取就依赖数据结构。

2. 数据结构的构成

数据结构包括三个方面的内容：数据逻辑结构、数据存储结构、数据运算，如图 2-7 所示。

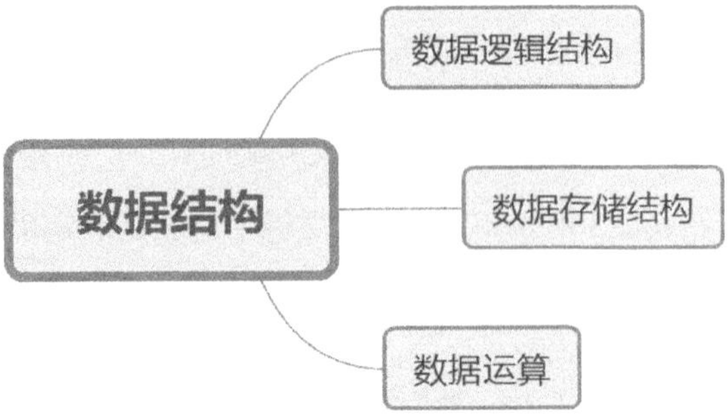

图 2-7　数据结构的三方面内容

（1）数据逻辑结构

数据逻辑结构，反映的是数据元素之间的逻辑关系，与数据在计算机中的存储位置无关。

数据逻辑结构，一般分为集合结构、线性结构、树状结构和图状结构四类。集合结构中的任何两个数据元素之间都没有逻辑关系，组织形式松散；线性结构中的结点按逻辑关系依次排列形成一个“锁链”，线性结构还可以划分为表、数组、队列、栈、串等结构；树形结构具有分支、层次特性，其形态有点类似于自然界中的树；图状结构中的结点按逻辑关系互相缠绕，任何两个结点都可以彼此邻接。

（2）数据存储结构

当我们处理数据之后，就需要存储数据，这涉及数据存储结构，即物理结构。数据存储结构有顺序、链接、索引、散列等多种。

（3）数据运算

数据运算就是基于数据结构进行的运算，其具体实现依赖于数据的存储结构。数据运算可以简单理解为，对已经存储好的数据进行增加、查找、编辑、删除等操作。数据运算是数据结构的一个重要方面。

（4）三者之间的关系

一种数据逻辑结构在计算机里可以用不同的数据存储结构实现，数据运算是基于数据逻辑结构和存储结构实现的，三者相辅相成。

3. 常见的数据结构举例

（1）数组

所谓数组，就是有序的元素序列，即有限数量的类型相同的变量的集合。按数组元素的类型不同，数组又可分为数值数组、字符数组、指针数组等。

比如 char CHB[]={"1","2","3"}的结构，就是数组的表示方式，其含义就是定义 CHB 为字符串的一维数组，包含的值是字符串形式的“1”“2”“3”。这样就通过一个简单的组合形式，表达了一组有共性的数据。

二维数组是一种简单的数据结构，如图 2-8 所示。

数组

	column 0	column 1	column 2	column 3
row 0	Robert	36	manager	USA
row 1	Alex	56	teacher	UK
row 2	Charles	34	CEO	GER
row 3	Jennifer	25	DBA	UK
row 4	Jam	51	manager	GER
row 5	Alice	41	DBA	UK

图 2-8　二维数组示例

这个二维数组的结构与一张有行有列的表很像：每一行代表一个对象，每一列代表对象的一个属性。尽管二维数组很适合存储表数据，但是当你需要根据某个条件从数组中查询数据时，就要遍历每一行数据，而当数据量大的时候，这将花费许多时间，服务器性能就会变差。这时候就需要考虑使用其他数据结构。

（2）树结构

树结构是另一种重要的非线性数据结构。直观地看，它是数据元素（在树中被称为结点）按分支关系组织起来的结构。一切具有层次关系的问题都可用树结构来描述，比如家庭成员关系、页面各级菜单关系等。

数据库索引是树结构的一个重要应用，索引可以提高数据库查询速度。常见的关系型数据库的索引使用的数据结构，多是 B+Tree 或者 B−Tree（二者都是树结构的一种），例如 MySQL 的索引使用的是 B+Tree，Oracle 和 Sysbase 的索引使用的是 B−Tree。

我们来了解一下为什么索引要使用树结构的存储方式来实现。

我们都知道，数据库文件是存储在硬盘上的，每次读取数据库都需要在硬盘上搜索，而 B+Tree 数据结构的查询方式不是遍历，而是从树根部对比着向下递推做二分查找，查询次数不会高于树的层数，所以查询速度更快。

如图 2-9 所示，该树结构有 15 个节点。

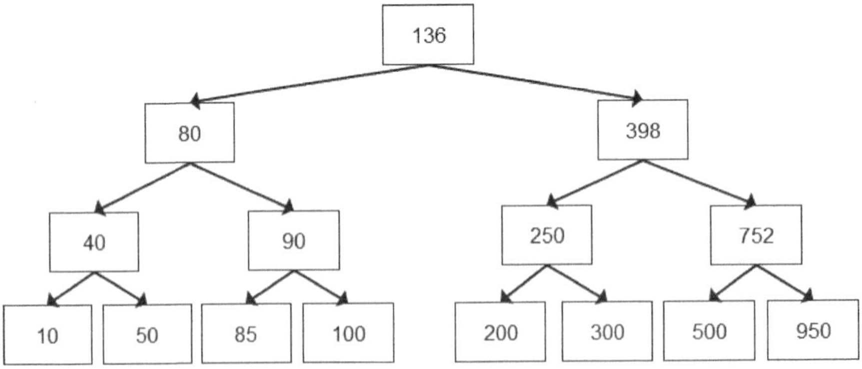

图 2-9　树结构示意图

如果在该树结构中查找“208”节点，那么该数据的查找过程是按照如下方式进行的。

①从根节点（也就是“136”节点）开始查找。

②判断出 136<208，所以在“136”节点的右子树中查找，找到“398”节点。

③判断出 398>208，所以在“398”节点的左子树中继续查找，找到“250”节点。

④判断出 250>208，所以在“250”节点的左子树中继续查找，找到“200”节点。

⑤判断出 200<208，所以在“200”节点的右子树中继续查找，然而“200”节点没有右子树，因此不可能找到“208”节点（如果其存在的话，一定在“200”节点的右子树上）。

结论就是：查找完毕，不存在“208”节点。

那么，如何从图 2-9 中查找“40”节点呢？查找过程如下。

①从根节点“136”节点开始查找。

②判断出 136>40，所以在“136”节点的左子树中查找，找到“80”节点。

③判断出 80>40，所以在“80”节点的左子树中查找，找到“40”节点。

④判断出 40=40，所以该节点找到了！

提取“40”节点中存储对象的对应数组行号索引。有了这个行号索引，想获得这行数据就能立即拿到（具体实现的方式此处不做讨论）。

需要注意的是，树结构还有很多变种，比如“堆”结构就是一种特殊的树形数据结构。

（3）栈

栈也是一种重要的数据结构。它最大的特点是只能在某一端插入和删除。它按照先进后出的原则存储数据，先进入的数据被压入栈底，最后进入的数据在栈顶，需要读数据的时候从栈顶开始读数据（即最后一个数据被第一个读出来），出栈的顺序与入栈的顺序相反。这就像是一摞蒸笼，一层一层放入小笼包，而当把小笼包拿出来的时候只能从上往下进行。因此凡是遇到有这样逻辑需求的数据，就可以套用该数据类型。栈结构如图 2-10 所示。

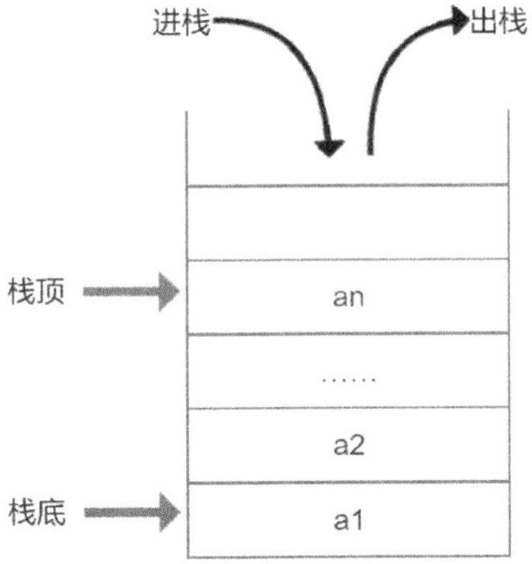

图 2-10　栈结构示意图

（4）队列

队列也是一种特殊的线性表。队列与栈相反，是按照“先进先出”和“后进后出”的原则组织数据的。当队列中没有元素时，被称为空队列。队列的结构如图 2-11 所示。

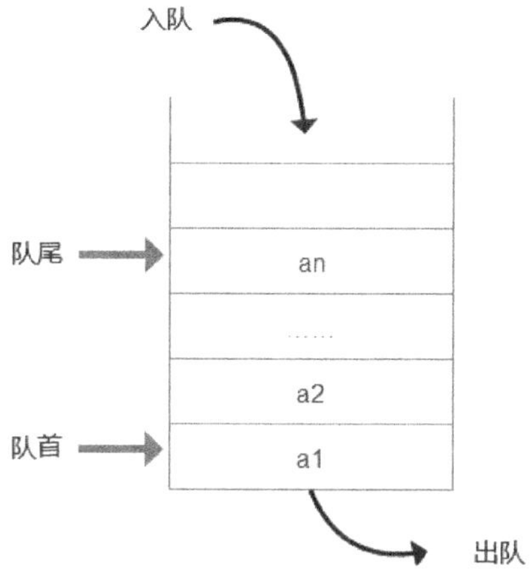

图 2-11　队列结构示意图

（5）其他数据结构

其他数据结构如散列表、图形结构等都是很重要的数据结构。单纯按照查询速度来看，在这几种数据结构中，数组和链表结构最慢，树结构较快，散列表最快。关于其他数据结构，本书不再具体介绍。

2.2.3　数据模型

1. 数据模型的概念

数据模型，是为了更好地描述一组数据的概念和定义，而对现实世界数据特征进行的抽象和模拟。在数据库中数据的存储方式依赖于数据模型。要想更有序、安全地把数据保存到数据库，并从数据库中高效读取，必然要创建成熟有效的数据模型。因此，数据模型是数据库系统的理论核心和基础。数据模型所描述的内容包括三个部分：数据结构、数据操作、数据约束。

（1）数据结构

数据结构的有关概念笔者在前面讲解过了。理论上数据模型可以使用任意的数据结构，但考虑到性能问题，就要做出不同选择。比如使用数组结构，在进行遍历操作时速度会相当快，但是在进行新增与删除操作时速度就稍差了。相比之下，如果使用链表数据结构，在进行新增与删除操作时，速度就快很多。

（2）数据操作

数据操作主要定义了在相应的数据结构上的操作类型和操作方式。常见的数据操作是对数据库中的数据进行增加、删除、修改、查找等操作。删除和修改操作都是建立在查找操作的基础上的，所以完美的数据模型应该是具有较高的插入效率和查找效率的。

（3）数据约束

数据约束主要用来描述数据库中数据结构之间的语法、词义联系以及彼此之间的相互约束和制约关系（比如 MySQL 使用外键保证数据之间的数据完整性）。

2. 数据模型的种类

按不同的应用层次，数据模型分成三种：概念数据模型、逻辑数据模型、物理数据模型。

（1）概念数据模型

概念数据模型（CDM）的抽象性最高，关注现实世界与数据世界的关系，不关注数据的底层细节，为构建逻辑数据模型奠定基础。概念数据模型必须换成逻辑数据模型，才能在数据库管理系统中实现。

在概念数据模型中，最常见的是 E-R 模型、扩充的 E-R 模型、面向对象模型，以及谓词模型。其中 E-R 模型图就是实体联系模型（Entity Relationship Diagram），如图 2-12 所示，是用矩形框表示实体（比如“产品”是一个实体），用椭圆图框表示实体的属性（比如“产品名称”是产品的一个属性），用实心线段将属性与相应关系的实体连接起来，用菱形框表示实体之间的联系成因，在菱形框内写明联系名（比如“上架”是连接产品与销售网站的成因），并用实心线段分别与有关实体连接起来，同时在实心线段旁标上联系的类型。

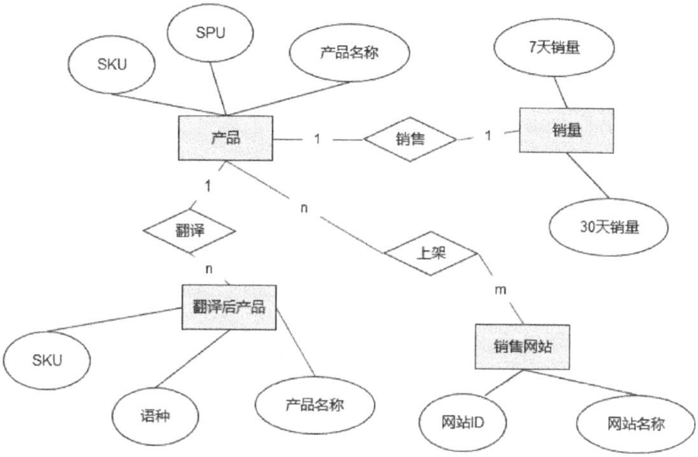

图 2-12　E-R 模型示例图

（2）逻辑数据模型

逻辑数据模型（LDM）是直接面向数据库的逻辑结构，涉及计算机系统和数据库管理系统。这种数据模型架起了用户和系统之间的桥梁。

在逻辑数据模型中，较常见的是层次模型、网状模型、关系模型，其中最常见的是关系模型，其对应的数据库被称为关系型数据库，如 MySQL、DB2、Oracle 等。

（3）物理数据模型

物理数据模型（PDM）是在逻辑数据模型的基础上，考虑各种具体的技术实现因素及硬件因素，进行数据库体系结构设计，真正实现数据在数据库中的存储。

因此物理数据模型的设计内容较为详细，包括数据库的存储过程、操作、触发、视图和索引表等。

2.2.4 数据库

1. 数据库的概念

数据库是存储在计算机系统内的，结构化的、集成的、相关的、共享的、可控制的数据集合。数据库就是储存数据的仓库，只不过这个仓库的数据必须按照一定的格式存放，因为数据的存放必须便于数据的查找。可以这样理解：将数据按照一定的规则，结构化地储存在一个相当于磁盘的地方，这个地方就是数据库。

数据库由数据库管理系统管理。数据库管理系统是一种操纵和管理数据库的大型软件，用于建立、使用和维护数据库，简称 DBMS。数据库管理系统具有存储、截取、安全保障、备份等基础功能。

在诸多数据库中，最常见的是关系型数据库和非关系型数据库。

2. 关系型数据库

（1）关系型数据库的概念

关系型数据库，是一种基于实体联系模型（如 E-R 模型）的数据库。世间万物都是通过实体与属性、实体与实体之间的关系折射出的关系模型。关系型数据库定义的就是实体与属性的集合。比如人有年龄、姓名等属性。

关系型数据库有 MySQL、Oracle、SQL Server、DB2、Informix 等，其中最常见的是 MySQL。由于 MySQL 使用类似二维表格的存储形式，因此其和页面报表的组合比较完美，搭配 PHP 和 Apache 可以组成良好的开发环境。

此外，比较常见的关系型数据库还有 Oracle，在数据量很大的时候，其非常有用。比如拥有千万量级以上数据的数据库，通常会使用 Oracle。

（2）范式

提到关系型数据库，就不得不说范式。范式是数据库设计规范方面的一个概念，是围绕着关系型数据库而形成的规则和约束。范式有很多条，前三条范式是关系型数据库创建的基础。

①第一范式：每一列不能有重复的属性值

第一范式（1NF）是指数据表中的每一列不能有多个值，换言之，每一列的属性的值都必须是不可再分的。如果实体中的某个属性有多个值，必须将之拆分为不同的属性。不满足第一范式的数据表示例，如表 2-4 所示。

表 2-4　不满足第一范式的数据表示例

职工号	姓　名	电话号码
0374	张无忌	186××××××××、0312-4715××××

一个人的电话号码可能同时有座机号码和手机号码两种形式，因此应该将“电话号码”属性分为“座机号码”和“手机号码”两个属性才能满足第一范式，如表 2-5 所示。

表 2-5　满足第一范式的数据表示例

职工号	姓　名	座机号码	手机号码
0374	张无忌	0312-4715××××	186××××××××

②第二范式：每个行的数据不重复

第二范式（2NF）和第三范式是容易混淆的。第二范式是在满足第一范式的前提下提出的，主要包含两点：其一，一个数据表必须有一个主键（主键是由一个或多个字段组成的，区分数据的唯一性，主键的概念会在下文继续讲到）；其二，没有包含在主键中的列必须完全依赖于主键，而不能只依赖于主键的一部分。如果不满足第二范式，容易产生冗余数据，如表 2-6 所示。

表 2-6　不符合第二范式的数据表示例

订单编号	商品编号	商品名称	商品单价	折　扣	商品购买数量
W123022165	4562201	鼠标	52	0	2
W123022165	8965401	键盘	121	1	1
Z70722111	4562201	鼠标	52	0	1

一个订单中可以包括多种商品，所以在表 2-6 中，“订单编号”和“商品编号”才是主键，“折扣”“商品购买数量”等属性完全依赖于主键（即当主键确定下来时，这些属性就是明确的），但是“商品单价”“商品名称”等属性与“订单编号”没必然关系，它们只依赖于“商品编号”，所以该表不符合第二范式。这种情况造成的最直观的问题就是，如果有 50 万个订单都买了鼠标，那么鼠标的单价和名称就要在表中出现 50 万次，这就造成了数据冗余，因此应将“商品单价”“商品名称”从原表拆分出去，从而将一个表变为两个表，如表 2-7、表 2-8 所示。

表 2-7　将商品信息拆分出一个表

商品编号	商品名称	商品单价
4562201	鼠标	52
8965401	键盘	121

表 2-8　修改后的订单详情表

订单编号	商品编号	折　扣	商品购买数量
W123022165	4562201	0	2
W123022165	8965401	1	1
Z70722111	4562201	0	1

③第三范式：即直接性，数据表的每一列都要和主键直接相关，而不能间接相关。

第三范式（3NF）要求数据表中不能存在“非主键列 A 依赖于非主键列 B，而非主键列 B 依赖于主键”的情况。比如，有一个“爸爸信息表”，里面的属性有：爸爸、儿子、女儿、女儿的小熊、女儿的气球，这就不符合第三范式，因为“爸爸”与“女儿的小熊”“女儿的气球”都不是直接的相关。在这种情况下，需要将其改成两个表。其一是“爸爸信息表”，包含属性：爸爸、儿子、女儿；其二是“女儿信息表”，包含属性：女儿、女儿的小熊、女儿的气球。该案例的修改前后示意图如图 2-13 所示。

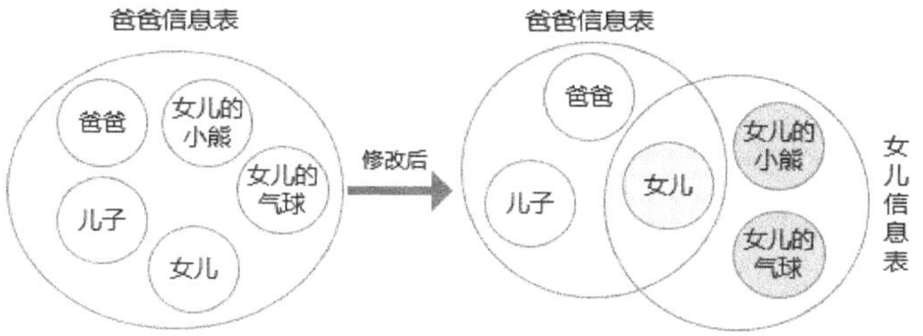

图 2-13 “爸爸信息表”修改前后示意图

3. 非关系型数据库

对于大量的半结构化数据和非结构化数据，人们针对其存储、并发以及扩展能力而设计出了非关系型数据库，像 Google 的 Bigtable、Amazon 的 Dynamo，以及 Apache 的 Hbase 等。

非关系型数据库是松散的、无严格结构规范的，被称为 NoSQL，是传统关系型数据库的有效补充，用于对存储要求高、并发处理较多的场合。常见的非关系型数据库有 MongoDB、HBase 等，它们以键值对（key-value）的形式存储，是类似 JSON 的格式，因此可以存储比较复杂的数据类型。非关系型数据库的存储形式如下。

```
{
”key 1”:”value 1”,
”key 2”:”value 2”,
”key 3”:”value 3”
}
```

在非关系型数据库中，MongoDB 是最著名的，其功能非常丰富，最大的特点是其支持的查询语言非常强大，有点类似于面向对象的查询语言，几乎可以实现类似关系数据库单表查询的绝大部分功能，而且还支持对数据建立索引。

非关系型数据库都是针对某些特定的应用场景而设计的，因此该类数据库往往具有极高的选择性和强大的性能。

4. 为什么要了解数据库

后端产品经理的很多工作都是围绕数据进行的。一方面，基础数据的维护和用户行为数据的采集本身就是后端产品的工作范畴；另一方面，后端产品的多数功能设计都是围绕数据的存取、运算、获取、推送等进行的。随着业务不断发展，数据库在扩大、数据量在增加，数据需求的调研和分析越来越复杂，如果后端产品经理不了解数据库，就会让自己的工作难以进展。比如，当后端产品经理要拉取数据做验证的时候，因为数据存储在不同的数据表中，就需要反复进行联表查询，在这种情况下，很难有程序员能够随时协助，如果后端产品经理自己掌握了数据的查询和分析方法，就可以更高效地开展工作。

那么，作为后端产品经理，要对数据库了解到什么程度呢？笔者认为达到以下两点即可。

（1）理解数据库的作用原理，以便更好地与开发人员互动沟通，理解开发人员的思路。

（2）会用基础的 SQL 查询，懂得数据表的创建、数据去重规则等知识，就可以更好地参与到数据问题的分析和数据方案的设计中。

2.2.5 常用的关系型数据库管理系统：MySQL

1. MySQL 的简介

（1）MySQL 的特点

MySQL 是最流行的关系型数据库管理系统之一，其将数据保存在不同的表中，而不是将所有数据放在一个大仓库内，这样就增加了查询速度并提高了灵活性。MySQL 数据库的存在，使得变量的增加、删除、修改、查找操作只需在数据库层面完成即可，不用到代码层面处理，既安全又高效。

由于其体积小、速度快、总体拥有成本低，尤其是其开放源码，使得一般中小型网站的开发，都使用 MySQL 作为数据库管理系统。初学者学习数据库往往都是从学习 MySQL 开始的。

（2）MySQL 的安装

MySQL 的安装界面如图 2-14 所示。

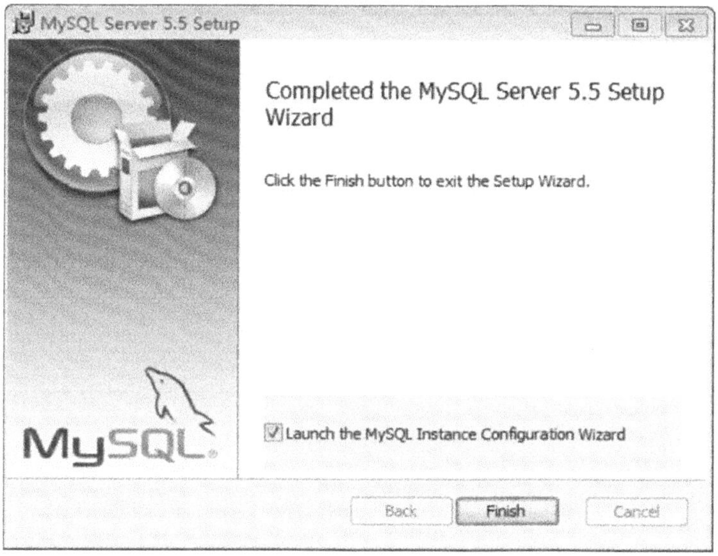

图 2-14　MySQL 的安装界面

首先要在 PC 端安装 MySQL 服务器，然后通过公司的数据库地址、密码连接上数据库（具体可以找开发人员协助完成）。这样你就可以进入到数据库管理系统中，查看其中的数据库、数据库中的各个表，以及表里的数据。

2. MySQL 的数据库、数据表、应用程序等之间的关系

（1）MySQL 的结构关系

MySQL 数据库管理系统可以管理多个数据库，每个数据库可以创建很多个表，每个表描述一种实体与多个属性的关系，每个属性就是一个字段，每个字段有不同的取值。数据库管理系统、数据库、表、字段、值之间的关系如图 2-15 所示。

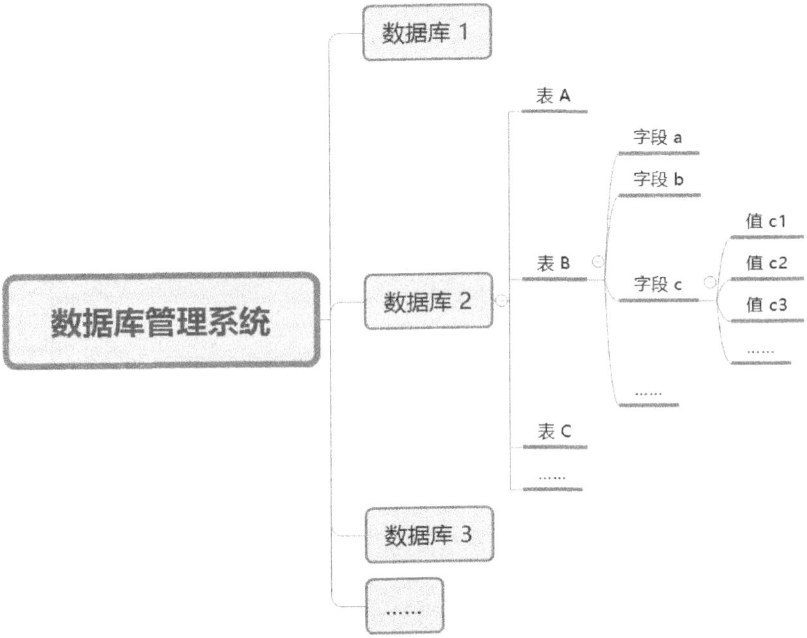

图 2-15　数据库管理系统、数据库、表、字段、值之间的关系

（2）数据库与应用程序之间的关系

数据库与数据库之间可以交换信息，数据库与应用程序之间也可以交换信息。数据库与应用程序的对应关系如图 2-16 所示。

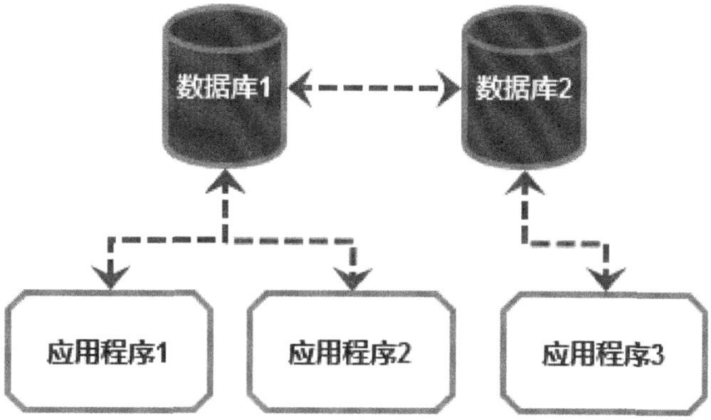

图 2-16 数据库与应用程序信息交换对应关系示意图

3. MySQL 拆表存储

理论上，每个实体至少对应一个数据表，表中的字段就是实体的属性或衍生属性，但是实际上一个实体的属性往往被拆分到多个数据表中存储。在这种情况下，一旦需要查询，就要通过联表才能完成。既然联表很麻烦，那么为什么非要拆表存储呢？其实这和前面提到的范式有很大关系。

在实际情况中，一个实体所具有的属性会有很多，如果将所有属性放入一个表中，那么其产生的数据表往往也就包含很多信息。当这个数据表中的数据量很大的时候，其缺陷就非常明显：首先是数据冗余，其次是维护（比如编辑）困难。因此庞大的数据表要分表存储，该理念和第二范式的思想是一致的。

例如有一个描述用户发布消息的表，每当用户发表一条消息，就需要把他的昵称、性别、姓名、消息等数据都插入到表中，这样一条一条数据累积下去，如果在未来的某一天里，用户突然修改自己的昵称，那么我们要遍历整张表，去更新他的每条数据中的昵称。在这种情况下，修改是不现实的，所以就需要把原来的表中的用户信息和消息信息分别存储。

拆表之后，通过姓名就可以查到用户的个人信息，又可以通过用户的 ID 查到他发出的所有消息。

4. 数据表

（1）数据表的基本信息

数据存储于数据表中，数据表中每一条基本的数据都由数据类型、字段（也叫变量或者参数）、字段值等组成。以下面的数据表结构信息（局部）为例。

```
CREATE TABLE 's_rule' (
'rule_id' int(11) NOT NULL AUTO_INCREMENT COMMENT '主键 ID',
'rule_name' varchar(255) NOT NULL DEFAULT '' COMMENT '规则名称',
'rule_type_id' int(11) unsigned NOT NULL DEFAULT '0' COMMENT '规则类型
ID，对应 t_oms_rule_type 表的自增 ID',
'solution_desc' varchar(255) NOT NULL DEFAULT '' COMMENT '处理方式描述',
```

该部分内容表达的主要信息如下。

①表名是“s_rule”。

②各个字段都有默认值，比如“rule_type_id”的默认值为“0”。

③各个字段都不允许为空值。

④规定了各个字段的数据类型，比如“rule_id”的数据类型为 11 位整数。

⑤各字段带有注释，比如“rule_id”的注释为“主键 ID”。

（2）数据表的主键和外键

①主键

MySQL 的每张表只能有一个主键（前面谈范式的时候提到过）。主键即主关键字，可以由一个或多个字段组成，并且主关键字的列不能包含空值。一般使用该表的 ID

做主键。主键的最大特征是其具有唯一性，即由主键标示的各行数据不重复。

主键主要用于和其他表进行外键关联，以及对本表的修改与删除。当两个表需要进行关联时，主关键字用于在一个表中引用来自另一个表中的特定记录。

②外键

如果表 A 的主关键字也是表 B 中的字段，则该字段称为表 B 的外键。表 A 称为主表，表 B 称为从表。外键可以保持数据一致性、完整性，使两张表形成关联。关于主键、外键的例子如图 2-17 所示。

表	字段	说明
学生表	学号、姓名、性别、班级	“学号”是该表的主键
课程表	课程号、课程名、学分	“课程号”是该表的主键
成绩表	学号、课程号、成绩	“学号”和“课程号”都是该表的外键

图 2-17　关于主键、外键的例子

（3）数据表的索引

①索引的概念

在讲解数据结构的树结构时，笔者曾提到过索引。索引是由开发人员用代码创建的，对数据库表中的一个或多个字段值进行排序的一种结构。数据库索引好比是一本书的目录，能提升数据库的查询速度。例子如下所示。

```
select * from table1 where id='44';
```

如果“id”没有做索引，这个查询操作就必须遍历整个表，直到找到“id”等于“44”的这一行为止；如果“id”做了索引，则直接在索引表里找出“id”等于“44”，就可以直接得知这一行的位置，更快找到这一行。

②索引不能太多

索引有助于提高查询速度，但不是越多越好，原因如下。

第一，创建和维护索引需要开发人员写代码，其耗费的时间随着数据量的增加而增加。

第二，当对表中的数据进行增加、删除和修改的时候，索引也要进行动态的维护，这样就增加了维护的成本。

第三，索引需要占用物理存储空间。

因此，一个数据表的索引不宜过多，建议最多 5 个。索引不可能满足所有的场景，但是可以满足绝大部分的场景。

5. 数据库相关需求方案的注意事项

后端产品的很多产品需求方案都会涉及数据表的创建、联表查询等，因此在需求方案设计的过程中要注意如下一些细节。

（1）建表的时候可以增加预留字段。因为当数据量大的时候很难再增加新字段，所以数据增长较快的表一定要预留几个字段的空位，便于日后数据表的扩展。

（2）当一个表无法再加字段的时候，可以增加扩展表。一般以原表的表名加上后缀“_ext”作为扩展表的表名，两个表通过原表 ID 进行关联。比如原表的表名为“order_goods_shipping”，其扩展表的表名就可以用“order_goods_shipping_ext”。

（3）对数据表新增字段的时候，要考虑该表已有数据的初始化处理。比如，将历史数据对应该新字段的值，全部初始化为空字符串或某一个默认值。

（4）统一规范数据表的表名前缀，举例如表 2-9 所示。

表 2-9　数据表名前缀举例

表 类 型	前　　缀
统计类数据表	s
基础数据表前缀	b
基础类型维护数据表前缀	t
原始数据表前缀	in
同步队列数据类型表前缀	iq

（5）命名要规范，具体的规范举例如下。

①库名、表名、字段名、索引名，统一使用小写字母、数字，必要的时候，以下画线连接，比如“订单商品数据表”可以命名为“order_goods_table”。

②库名、表名、字段名加起来不要超过 30 个字符。

③库名、表名、字段名不要单独使用数据库的常用关键字，像“lock”“time”“date”“return”“user”等，可以加前、后缀，比如“sale_date”。

④命名不能使用特殊字符，如“%”“-”等。

（6）产品经理在了解数据库之后，设计方案的思路会清晰许多，但是最终的方案还是由开发人员综合评定的。如果产品经理将一些字段、表名等内容写进方案的话，要谨慎核实，并和开发人员做好沟通。

2.2.6　使用基本的 SQL 语言进行数据库查询

1. 数据库查询介绍

SQL 是结构化查询语言（Structured Query Language）的缩写，是一种数据库查询和程序设计语言，用于存取数据以及查询、更新和管理关系型数据库系统，同时也是数据库脚本文件的扩展名。

SQL 是数据库通用的操作语言（不同版本存在着细微差异），语句很简单，运算速度很快，是最重要的关系型数据库操作语言，并且它的影响已经超出数据库领域，在其他领域（比如人工智能领域的数据检索）也受到重视和采用。

2. 基础 SQL 语句举例

（1）数据查询语句

①基础的查询语句

对产品经理来说，数据查询语句是比较简单的，也是使用次数最多的。最基本的查询语句是“SELECT+目标字段+FROM+表名”，表示从表中查询数据的目标字段。例子如下。

```
SELECT student_name FROM student_table;
```

如果同时查询多个字段，则目标字段之间用“,”隔开。例子如下。

```
SELECT student_name,age FROM student_table;
```

如果查询全部字段，则用“*”代替具体的字段。

②配合函数查询

SELECT 语句配合函数可以满足更多需求。常用的函数包括但不限于如下。

COUNT()：统计记录数。例子如下。

```
SELECT COUNT(id) FROM student_table;
```

AVG()：计算字段值的平均值。例子如下。

```
SELECT AVG(age) FROM student_table;
```

SUM()：计算字段值的总和。例子如下。

```
SELECT SUM(age) FROM student_table;
```

MAX()：查询字段的最大值；MIN():查询字段的最小值。例子如下。

```
SELECT MAX(age) FROM student_table;
```

③配合筛选条件查询

基本的筛选条件用“WHERE”连接，句式为“SELECT+目标字段+FROM+表名+WHERE+条件”。例如，我们要从“学生表”中查询年龄为 14 岁的学生的姓名，代码如下。

```
SELECT student_name FROM student_table WHERE age=14;
```

④对查出的结果排序

基本的排序用“ORDER BY”表示，句式为“SELECT+目标字段+FROM+表名+ORDER BY+排序字段+DESC/ASC”。例如，我们要从“学生表”中查询学生的全部信息，并按照年龄降序排列，代码如下。

```
SELECT * FROM student_table ORDER BY age DESC;
```

⑤对结果分组

用“GROUP BY”语句进行分组，例子如下。

```
SELECT order_no FROM order_table GROUP BY customer;
```

⑥字段拼接输出

用“CONCAT”可以拼接多个字符串。例如，我们要将 employee_tbl 表中的用户年龄、姓名、工作日等连接在一起，代码如下。

```
SELECT CONCAT(age,name,work_date) FROM employee_tbl;
```

⑦联表查询

联表查询的句式为“左表+JOIN+右表+ON+关系字段”。在具体应用中，JOIN 往往与前缀结合，比如“INNER JOIN”表示内联接，即查找两张表共同拥有的字段；“LEFT JOIN”叫左联接，以左表（“JOIN”前的那张表）为主，如果右表有共同字段，则一并返回，如果没有，则为空；另外还有“FULL JOIN”“RIGHT JOIN”等。例子如下。

```
    SELECT order_no FROM order_table a LEFT JOIN goods_table b ON
a.goods_id=b.id;
```

注意，在该例句中，“order_table a”意为：用“a”来代表“order_table”。

⑧其他常用的 SQL 查询语句，如表 2-10 所示。

表 2-10　其他常用的 SQL 查询语句

序号	场　景	例　句
1	查询表前 *n* 条记录：TOP	SELECT TOP 10 FROM student_table WHERE age=12;
2	表达“或”的关系：IN	SELECT name FROM student_table WHERE age IN (12,13,15);
3	查询名字中包含某信息的数据：LIKE	SELECT * FROM student_table WHERE name LIKE '李';
4	查询表中第 *n*～*m* 行的数据：OFFSET	SELECT * FROM student_table LIMIT 4 OFFSET 9; 该句等同于 SELECT * FROM student_table LIMIT 9,4;
5	去重查询：DISTINCT	SELECT DISTINCT gender FROM student_table;
6	查询条件区间：BETWEEN	SELECT * FROM student_table WHERE age BETWEEN 12 AND 15; 该句等同于 SELECT * FROM student_table WHERE age > 12 AND age<15;
7	查询指定字段的值相同，且数据量大于 1 个的记录：GROUP BY +HAVING	SELECT order_number,count(*) FROM f_oms GROUP BY order_number HAVING COUNT(*)>1;

（2）数据表的更改

产品经理一般不会更改正式数据库的数据，但是可以了解相关的知识点。数据的更改主要包括插入（新增）、删除、更新、创建等。

①插入记录

句式为“INSERT INTO+表+VALUES”，用于在表中插入记录，例如我们要在表中添加一行张三的记录，代码如下。

```
INSERT INTO student_table VALUES ('张三', '男', '2500','1989-1-5');
```

②新增一列

用“ALTER ADD”来增加表的列（即字段）。例如，我们要在“student_table”表中添加一列“title(职位)”，代码如下。

```
ALTER student_table ADD title varchar(10);
```

注意：“varchar(10)”是对插入的字段“title”的数据类型的定义。

③更新数据

句式“UPDATE+表+SET”用于更新表的数据。例如，我们要让 table1 表中的所有人的工资都增长 20%，代码如下。

```
UPDATE table1 SET money=money*1.2;
```

④数据表的创建、回收

创建表的句式：“CREATE TABLE+表名”。例子如下。

```
CREATE TABLE persons
(
id int,
last_name varchar(255),
first_name varchar(255),
address varchar(255),
city varchar(255)
)
```

回收表的句式：“DROP TABLE+表名”。注意，执行“DROP TABLE”语句后，表被放在回收站中，并不是被直接删除。如果想要直接删除表（不进回收站），则使用句式“DROP TABLE+表名+PURGE”。

3. SQL 使用注意事项

（1）提升查询速度

①查询时，尽量只列出需要查询的字段，不建议查询全部，以避免影响查询速度。例如下面的代码，会影响查询速度。

```
SELECT * FROM admin;
```

建议将其优化为如下代码。

```
SELECT admin.id,admin.name,admin.password FROM admin。
```

②尽量避免进行全表扫描。如果我们只需要返回一条结果，可以使用“LIMIT 1”指令，能够提高效率。

（2）在某些情况下索引无法被使用

①SQL 中的“OR”指令表示并列关系，比如“WHERE customer_id='250' or amount=3.96”。

用“OR”分割开的条件，若其前面的条件有索引，后面的条件没有索引，那么前面的索引也不会被用到，该查询仍是要进行全表扫描的。

②负向查询不会使用索引，比如“NOT”“NOT IN”“NOT LIKE”“< >”“!=”“!=”“!<”等。例如，下面的代码不会使用索引。

```
SELECT * FROM order WHERE status!=0 AND stauts!=1;
```

（3）MySQL 中的 NULL 和空字符串

在 SQL 语句中，NULL 通常指的是不适用的、无意义的、无效的、不存在或之后将要加入的数据，而空字符串（''）表示该字符串的值就是空（注意空字符串的单引号之间是没有空格的）。比如，电话号码字段是 NULL 的时候，可理解为“该人员是否有电话号码是未知的”；而用空字符串表示的话，就可理解为“该人员没有电话号码”。

在 SQL 语句中，判断 NULL 的 SQL 语句应该使用 is NULL 或者 is not NULL，但判断空字符串则应使用“=”或者“< >”。比如一条数据的 A 字段值为 NULL，此时使用关键查询条件“A is NULL”，是可以查出该条数据的；但是关键查询条件使用“A='NULL'”，就查不到该数据。

2.3 系统间数据对接

在后端产品的世界里，各个子系统之间的对接或者子系统与外部系统之间的对接非常常见。对接的本质是为了实现数据信息的传输。很多后端产品的需求都是跟系统间数据对接有关的，所以作为后端产品经理，要了解系统间数据对接的方式，以及通过对接获取数据信息后的运算逻辑、异常机制等。

2.3.1 系统间数据对接的场景和注意事项

1. 系统间数据对接的场景

系统间数据对接，就是指在系统与系统之间搭建数据信息交互渠道。后端产品系统之间的数据对接很常见，可以分为与外部系统对接和与内部系统对接两类。与外部系统对接通常是和第三方系统对接；与内部系统对接通常是企业内部各个子系统之间的对接。系统间数据对接的场景，包括但不限于如下几种。

（1）前端产品和后端产品之间的信息调用

比如，某电商网站作为前端产品，其管理后台维护基础数据“商品价格”，该电商网站用户刷新商品信息，则通过调取其“商品价格”获取数据，实现整体功能的闭环。这就是前端产品和后端产品之间的信息调用。

（2）企业内部各个子系统之间的信息共享

在分布式系统部署情况下，各个系统模块需要各司其职，同时又相互配合，比如订单系统的库存扣减数据，要同步给备货系统，以作为采购的依据。

（3）与第三方系统的对接

举个例子，商家在入驻第三方销售平台之后，可能需要管理自己的订单，这时候就要从第三方销售平台上获取订单的原始数据。

（4）调用现成的功能插件

市场上有很多开放性的功能插件可以调用，比如视频网站可以接入腾讯云的美颜 SDK，这样可以避免重复“造轮子”，提升研发效率和性能保障。

2. 系统间数据对接的注意事项

系统间数据对接往往是双方或多方系统协作完成的，涉及对接方案选型、联调测试等环节，因此系统间数据对接的逻辑比较复杂、相关人员较多、实现周期较长。进行系统间数据对接时需要注意或考虑的事项包括但不限于如下几点。

（1）系统间的耦合性

对接方案要使系统间的耦合性尽量最小。这样对接之后，单边系统发生变化，对另一系统的影响最小，这也符合高内聚低耦合的指导思想。

（2）尽量进行较小的改动

当进行系统对接时，尽量要求参与对接的系统及功能的代码改动最小，以免出现更多次生风险。

（3）技术选择

不同的技术涉及不同的软硬件的支持，开发成本也有所不同，因此要从公司的硬件配置、安全等级、技术储备等方面综合考虑技术方案。

（4）考虑时效性

当一个系统将数据传递给另外一个系统的时候，需要判断双方对时效性的要求。如果双方对时效性要求都不高，那么可以采用异步交互的方式。异步交互可以缩短逻辑链条、降低逻辑复杂度、减轻服务器压力。

（5）可靠性

系统对接的目的是完成数据的交互，从本质上来说就是实现系统之间的通信，所以要保证系统间通信数据的准确一致，减少丢包等事故的发生。因此，产品经理不仅要设计正向的方案，还要考虑异常机制、备用方案、风险监控等，以提高可靠性。

2.3.2 系统间数据对接的方式

系统间数据对接是为了实现数据信息的传输。系统间数据传输的方式主要有：接口传输、数据库传输、文件共享传输、消息队列方式传输等。

1. 接口传输

（1）接口简介

接口是指一些预先定义的函数，是不需要访问源码或理解内部工作机制的细节即可调用的对象。接口是一种传统的问答式的传输方式，相当于请求方与应答方之间的信息通道。目前我们常用的 HTTP 调用接口、Java 远程调用接口等，都属于这种方式，不同的只是传输协议及报文格式。

对后端产品来说，HTTP 接口的使用场景很多。比如公司先上线了 OA 系统，后上线了订单管理系统，订单系统需要同步 OA 系统的人员组织关系信息，这时候就需要 OA 系统创建一个 HTTP 接口，让订单系统请求该接口，以此实现信息同步。

（2）哪一方负责创建接口？

在讨论接口方案的时候，需要先确认在哪一方系统中创建接口。有时候产品经理只知道需要创建接口，却不知道在哪个系统中创建接口。

可以这样理解，如果把数据源看成一缸水，那么接口就像是在缸上凿出的一个口，所以接口必须是在被请求的数据源这边的，即由被请求的一方创建接口。

注意，这里的数据源是相对的，换言之，被请求的一方就是数据源方。实际上，目标数据也可能在请求方一边。比如，在上面的例子中，也可以是 OA 系统请求订单系统，但是如果是这样的话，接口就是由订单系统创建的了。

（3）什么是定义接口

还拿水缸打比方，定义接口其实就是定义缸上的出水口的大小、滤网、放水的频率等，就是定义规则。这些规则约定了哪些数据是需要流过去的，以及流过去的条件等，就像门禁密码一样。定义接口包括设定口令、数据范围、推送前的筛选、转化运算规则等，是接口的核心内容，由开发人员在代码中实现。

（4）数据的预处理

在某些时候，数据从源头到终端不是原封不动的，而是经过了处理的。比如“考试系统”中存储的学生考试成绩是具体的分数，比如 80 分、90 分、50 分等，但是“证书颁发系统”只需要知道两个信息：及格或不及格。那么在前者为后者提供数据的时候，就可以对数据做预处理，将具体分数对应处理为及格或不及格，再将结果发到后者。

这里就涉及，究竟是在接收方接收数据之前进行预处理，还是在接收方接收数据之后由接收方自行转化的问题。在接收数据之前进行预处理的好处是可以让流转的数据变得简单直接；在接收数据之后再转化的好处就是安全。一般来说，如果数据被接收之后还会被二次使用，那就直接接收原数据。需要注意的是，数据在被转化之后，其数据量不一定会减少，比如数据源是订单维度的，而目标是将之转化为“订单+商品”维度的数据，这就可能令一条数据变成多条数据。

（5）是主动获取，还是等对方推送

有时候开发人员还会询问：数据是由对方推送，还是由我方主动去取。这就涉及接口的 POST/GET 方式问题。GET 是指从服务器方请求数据，POST 是指向服务器方传送数据。

前面也提到了，接口交换数据可以通过主动推送，也可以通过请求获取。主动推送时，数据生产方的数据一旦更新，就会触发推送，将所需字段的对应值传递过去；请求获取时，数据需求方会传递请求参数（一般是若干条件，比如“账号+密码”）给数据生产方，数据生产方收到后则按照协议响应，将满足条件的数据发给请求方（也就是返回参数）。

可以看出，如果对数据的时效要求高，则建议采取数据生产方主动推送的方式。如果对时效要求不高或者数据量巨大，则可以采取由需求方按一定频率主动请求的方式。在具体使用场景中，如果对接的系统比较多，那么建议做一个公共接口，以后哪个系统想用，就由该系统自己来请求接口，避免麻烦和风险。

另外，从安全角度看：GET 请求的数据是使用 URL 地址明文发送的，不安全；

POST 的请求数据不会在地址栏中出现，相对较为安全。从传输的数据量来看：GET 指令有数据量限制，而 POST 指令没有限制。

（6）总结接口的特点

优点：①可以触发式实时问答，确保时效性；②通用性比较强，应用广泛；③容易控制权限；④通过传输层协议 HTTPS（超文本传输安全协议）加密传输数据，可以使安全性提高。

缺点：①数据提供方（服务器）和接收方（客户端）必须同时工作，当服务器端不可用时，整个数据交互就不可进行；②当传输数据量比较大的时候，严重占用网络带宽，可能导致连接超时。

2. 数据库同步

数据库同步实际就是将一个数据库中的数据共享给另一个数据库，是数据表对数据表的共享，多发生在企业内部系统之间。数据库同步有以下几种办法。

（1）使用中间库

举个例子。B 系统要使用 A 系统的数据，可以新建一个数据表 D，A 系统将数据处理后写入数据表 D，B 系统再到数据表 D 中读取数据。这种方法是将目标数据放进一个中间表中，A、B 两个系统都对这个表有访问权限。该方法的好处就是可以选择性地将一大批数据共享出去。

（2）直接获取对方数据表的数据

如果 B 系统在开发时，直接在代码中调用 A 系统的数据表，从数据表中获取数据。这种方法可以实时拉取 A 系统的数据，B 系统不需要在本地做表保存，比较省事，但是耦合性较大，数据量大或业务复杂的时候不建议使用。

（3）实时同步对方的数据表

要想直接与对方的数据表保持数据同步，使用 Otter 是一个常用的方法。Otter 是阿里开源的一个分布式数据库同步系统，尤其是在跨机房数据库同步方面，有很强大的功能。它是基于数据库增量日志解析，实时将数据同步到本机房或跨机房的 MySQL/Oracle 数据库。

使用 Otter 方法需要数据库工程师协助配置，也就是需要做一个数据库同步平台，定义相应的映射规则。Otter 进程会根据定义的规则，将数据表的内容从源头数据库更新到目标库中，同时支持双向更新。Otter 同步对方数据表的示意图如图 2-18 所示。

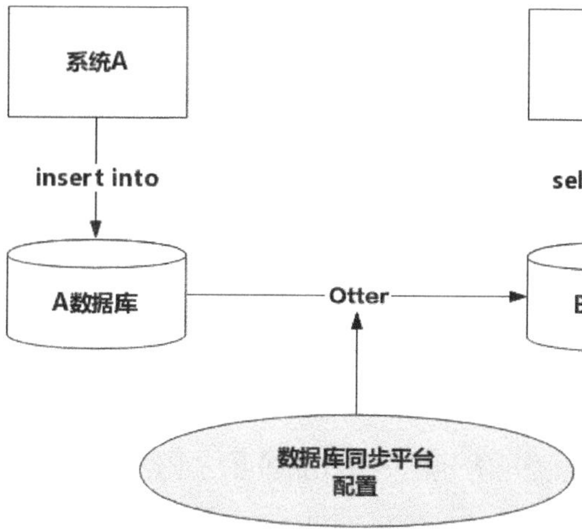

图 2-18　Otter 同步对方数据表的示意图

该方法主要用于公司内部系统之间数据库对数据库的传输，可以实现数据的实时同步更新，建议应用在数据量大的场景下。该方法的优点是占用资源少，交互更加简单可靠。

3. 文件包共享方式

一些第三方公司为了保密，不愿意提供接口，会把文件保存在网盘或网页上，供需求方下载。双方的系统约定文件共享服务器地址、密码、文件命名规则、文件内容格式等，通过上传文件到文件服务器，进行数据交互，该方式在较大数据量的场景下也适用。

该方式是一种异步上传、下载机制，将双方的操作割裂开，文件一旦上传，可以长久保存，被多个需求方使用。文件包共享方式的同步数据工作原理如图 2-19 所示。

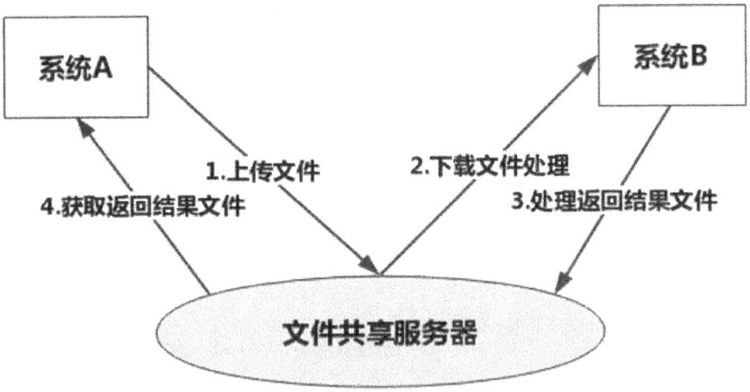

图 2-19　文件包共享方式同步数据工作原理示意图

比如第三方支付公司与需求方约定好了 SFTP 服务器（一种文件服务器，可以理解为网盘）的账号密码，然后第三方支付公司将账单数据上传到 SFTP 服务器上，需求方就可以登录 SFTP 客户端，进行下载、解析，然后保存使用。这也实现了数据在服务器之间的传输。

4. 消息队列

消息队列（MQ）技术是分布式应用之间交换信息的一种技术。简单说就是一方不断地把信息推到队列中，像排队进隧道一样，另一方依次消费这些信息。消息队列可驻留在内存或磁盘上，直到被应用程序读取。目前市场上有很多开源的消息队列服务，比如 ActiveMQ、OpenJMS。消息队列的示意图如图 2-20 所示。

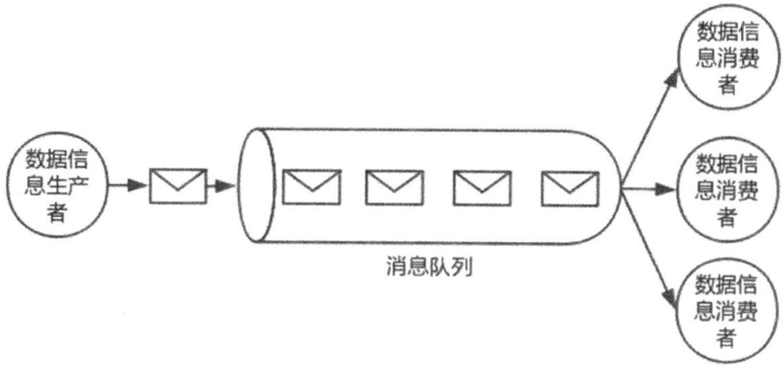

图 2-20　消息队列（MQ）示意图

该方式适用于公司内部进行的数据量大的、规律性强的、批量交换的数据，主要解决应用解耦、异步消息、流量削峰等问题。

在设计方案的时候要注意设置异常情况的处理机制。比如系统第一次消费某条数据的时候失败了，但是下次又想再消费一次，在这种情况下，可以设置机制：将消费失败的信息插到队列后面继续推送。在某些情况下，如果系统一直消费不掉某些信息，久而久之就会造成消息积压，在这种情况下，可以设置规则，当积压数据超过一定数量或者循环时间过长时进行报警，由人工参与处理。

2.3.3　数据对接的相关机制

通过选择系统间对接方式，可以确定获取对方数据信息的渠道，但具体的实现机制和注意事项，需要根据具体场景而定。

1. 使用触发式和定时任务方式获取数据

前面提到了数据获取的方式，可以通过操作事件触发。比如用户点击“买火车票”按钮，则立即触发系统进行车票抢占，并及时返回结果给用户。这种使用场景对信息时效性要求比较高，因此采用触发式实时传输。但问题就是，如果操作者多，会增加车票系统负荷，出现页面反应慢甚至卡死等不良的用户体验。

如果使用场景对时效要求不高，比如买家提交商品购买订单之后，卖家并不需要立即执行发货，而是可以集中在晚上或其他某个时间统一发货，类似这样的业务模型就可以采用定时任务方式获取数据。

定时任务在后端产品设计中是很常用的，通常就是建立起一个脚本，然后将之布置到定时任务管理系统上，按一定频率到数据生产方查询满足条件的数据，并进行数据推送或者拉取操作。定时任务获取数据的示意图如图 2-21 所示，“定时任务”按照一定的频率，查询“数据生产方”的数据源中满足条件的数据（如图中的“数据 4”和“数据 1”），并令“数据需求方”获得相关数据。

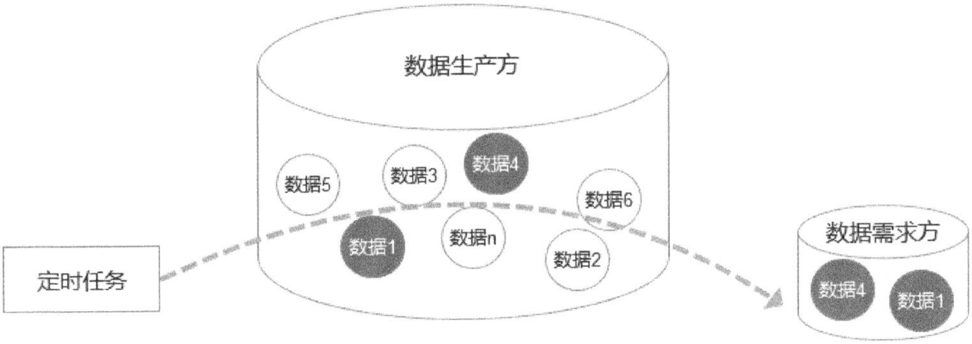

图 2-21　定时任务获取数据示意图

使用定时任务方式可以从增量数据中查询满足条件的数据，比如设定“每次获取 6 小时内更新的数据，获取频率为 6 小时一次”（设置时间间隔时应注意避免有时间段被遗漏）。也可以从全量数据中查询，比如定义表字段“is_got”为“是否已获取”，初始值为否，每次获取表中“is_got”为否的数据。注意，在这种方案下，“is_got”是要做表索引的，这样每次遍历数据库的时候才不会影响运算速度。

2. 数据获取和应用是否异步执行

上文提到的“触发式和定时任务方式”是获取数据时候的机制，那么在获取之后，在写入或应用数据的时候，也可以设置适合的机制。

一般而言，如果在获取数据后还要在本地进行规则运算或数据处理，那么最好先落地到本地的中转表中，再由中转表写入最终表或参与运算，也就是将数据的获取和应用异步进行。异步执行如图 2-22 所示。

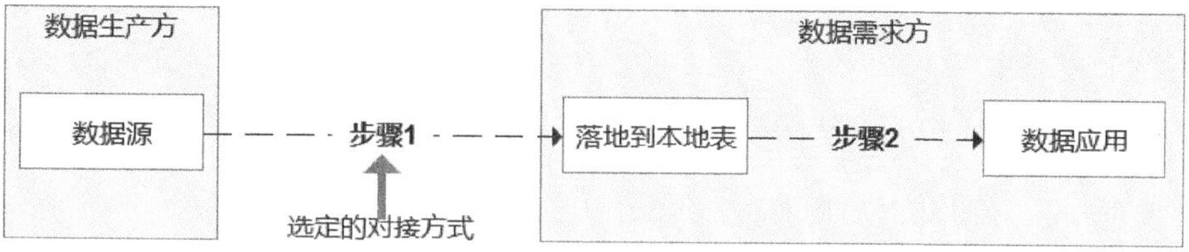

图 2-22　异步执行数据获取和应用示意图

举个例子。假设有需求：按照“订单+包裹号”维度，从物流系统提取包裹的运费数据到财务系统中，然后再由财务系统将该运费分摊到该包裹的商品上面，算出每个商品分摊的运费金额。

如果采用“从获取数据到分摊运算一步完成”的方式的话，那么一旦初始数据不准确或者算法中有BUG，就会导致结果出错，再想要追查错误原因并修复数据，就需要追溯到数据生产方，耦合性和复杂程度就很高。

所以对这种含有复杂运算的场景，建议采用异步机制，即在进行分摊之前，先让数据落地到财务系统的中间表中，待获取数据完成，再启动第二个独立的机制，进行运费分摊并最终写入。

总的来说，异步处理数据的获取和应用，有如下好处：一方面方便追溯异常问题，另一方面减少系统或功能之间的关联，并且将获取的数据存入本地，也可以被其他功能调用，增加数据的应用范围。如果获取的数据量非常大（达到万级以上），或者数据运算逻辑复杂，那么只要时效性允许，建议采用异步机制。

3. 判重机制

数据通道搭建好之后，系统间的数据流往往是持续的。由于各种原因，同一条数据常常会被多次获取。在这种情况下，是新插入该数据然后覆盖原数据，还是更新旧数据呢？在确定这个机制之前，首先要确定表关键字，即确定若干字段作为判断重复的标准。

比如，职工信息表的字段包括：姓名、手机号、性别、家乡、身份证号。在这几个字段中，身份证号对于一个职工来说是唯一的，因此如果我们更新其数据，就以身份证号为唯一标识。当获取数据库不存在的身份证号码时，则插入该数据；当获取到的身份证号在数据库中已经存在而手机号不同时，就可以更新数据库中该数据的手机号。

注意，若改变了表的去重字段，则需要考虑新数据对历史数据的影响，因为二者的判重维度不一样，可能会获取和以前的历史数据冲突而又不被新的判重规则识别的数据。

4. 记录数据获取日志

在从其他系统获取数据的过程中，一般都要创建数据日志，来记录数据的来龙去脉，以便追溯。

数据对接的日志要重点记录三个事项：数据提供方是否提供了该数据、数据接收方是否接收到该数据、数据接收方是否写入了该数据。

在设定数据对接日志的时候，需要告知开发人员是否将日志数据存到本地数据库中，因为开发者后台本身是有一个系统运作记录（Server Log）的，只是保存时间不会太长（比如一个月后就会被清除了），因此如果需要保留更长的时间，则可以将其保存到本地数据库。

2.4 本章小结

这一章主要讲解了与后端产品经理工作关系最密切的技术知识，主要包括网页知识、数据和数据库的使用、系统间数据对接。

后端产品经理需要详细了解网页的相关知识：网页设计的“三剑客”HTML、CSS、JavaScript，它们共同实现了我们看到的页面效果；网页后端技术，主要负责实现逻辑处理、规则运算等工作；浏览器是网页的载体，不同浏览器兼容性会有差别；TCP/IP、HTTP 协议是建立起与服务器的连接通道的约束和规范；页面的加载速度与页面元素有很大关系，在设计页面的时候要尽量优化加载速度等。

很多后端产品方案都与数据有关，因此后端产品经理要对数据库有一定的了解，包括数据、数据结构、数据模型、数据库的原理、数据库的主要分类、关系型数据库 MySQL、数据表、字段、键、索引、常用的 SQL 查询等知识点。

后端产品经理要熟悉系统间数据对接的方案，包括系统间数据对接的种类、注意事项、常用的对接方式（接口、Otter、消息队列等知识点），以及数据在请求时候创建接口的细节、去重规则、自动脚本的执行机制等。

笔者认为，在后端产品研发工作中，技术与产品的交叉领域较多。后端产品经理需要深入了解这些边界知识，才能更好地完成后端产品的方案，提高沟通和需求实现的效率。

第3章

循序推进——后端产品经理处理需求的各个环节

后端产品经理的主要工作是处理需求。这个过程包括收集需求、管理需求、调研需求、输出需求文档等重要环节。在这一章中，我们聊一聊后端产品需求的各个环节是如何循序推进的。

3.1 需求收集和管理

3.1.1 收集需求

收集需求无疑是整个产品需求处理工作流程的起点。在不同的产品阶段，需求收集的渠道和特点有所不同。本节分别描述后端产品在搭建初期和持续迭代时期，需求收集的相关事项。

1. 后端产品在搭建初期收集需求

对于后端产品来说，系统功能搭建初期的目标，主要是实现当前业务所需的后端支撑中的必需部分，以便不影响核心业务的运转。该阶段的需求，主要来自对前端产品的呼应、业务人员诉求、公司战略规划、同类竞品等。

（1）从对应的前端产品获取需求

后端产品的基本定位，就是为前端产品的功能做支撑，好比你（前端）要吃什么菜，后厨（后端）就要备什么食材和工具。如果前端产品是做电商业务的，那么我们要创建的后端产品中，就少不了订单模块、商品模块等；如果前端产品是做社交业务的，那么在对应的后端产品中就要创建用户中心、好友关系维护等。

除了直接呼应前端产品的刚需之外，后端产品还要主动协助提升前端产品的性能、承担前端产品的运算和配置类服务、为前端产品减负或提速。

（2）通过调研业务人员获取需求

后端产品是业务用户的“工具”，因此接近业务用户，才能更好地满足业务服务需求。这就需要产品经理下到车间、市场、仓库等作业区，实地考察业务用户需要哪些协助，亲身体验到他们真实需要帮助的地方，比如客服人员每天接待的用户大概多少，每个用户大概花费多长时间，是否设置自动回复等。

调研业务用户的时候要准备模板化的表格，包含登记访谈日期、访谈角色、姓名、联系方式、访问结果等项目，以便后期深入跟进。另外要注意的是，访谈的范围既要宽泛，又要有深度，虽然前期成果有可能无法实现全部需求，但是调研本身不能“只见树木，不见森林”。

（3）以同类型的产品作为标杆

在后端产品搭建初期，产品经理往往没有太多时间和经验做创新，因此对标同类产品是比较高效的途径，换言之，就是先找到一些相似度高的竞品，看它们有哪些模块、它们是怎么运转的，将其作为自己产品的参考对象。

参考竞品不要只局限在某一个领域，凡是对我们有所启发的线上线下产品和模式都可以借鉴。

（4）通过分析数据获取需求

通过分析数据来获取需求，是很常见的手段。但是在后端产品搭建初期，其本身产生的数据很少或不完善，因此往往分析的是其对应的前端产品的数据，或者业务人员在实际工作中观察或统计到的数据。

比如，入冬以来，展示的网站前端的服装商品的点击率下降了10%，而竞品的点击率却持续增高，这就说明很可能是我们刊登在网站的商品不符合今年的潮流，于是就有必要在后端增加商品品类甄选功能，专门做选品分析。又比如，在线下对账的时候，财务人员发现支付公司平均每月少支付几万元的资金，且大约90%都集中在海外订单的结算中，那么就有必要对海外订单做一个后端的结算监控功能，来监测应付款与实付款的差额，超过阈值的则进行报警。

2. 后端产品在持续迭代时期收集需求

后端产品往往也是从 MVP（最小化可行产品）阶段开始的，之后进入持续迭代阶段。迭代的原因，除了功能本身要继续完善之外，还有一个主要原因就是业务模式要满足行业发展变化带来的新需求。该阶段的需求来源主要有如下几方面。

（1）业务用户反馈需求

业务用户是最接近后端产品的，他们往往也是最先发现问题的人。许多公司都使用需求管控工具，比如 JIRA，业务用户可以在上面创建需求，产品经理可以在上面领取需求，然后进行调研跟进。如果不使用需求管控工具，那么产品经理可以定期对业务用户进行线下拜访，实现需求的收集。

（2）异常问题转为需求

异常问题主要包括异常数据和异常功能。比如业务用户发现一批错误数据，对这些异常数据进行调查，就会发现功能缺陷，需令产品经理提供修复方案，从而转为需求。

（3）产品经理的主动优化

产品经理要主动挖掘用户未提起的需求，从而令产品锦上添花，让用户惊喜，比如增加一个“模块使用统计”功能，基于产品功能模块的埋点，找到每个模块的高频用户，一旦该模块需要调整，就可以找对应的高频用户进行深度调研，并在需求上线后对这群高频用户进行重点通知和引导。

此外，由于后端产品的目的往往是解放人力和提高准确性，因此系统要朝着自动化、规则化、服务化、集中化、高性能、稳定性的方向发展。后端产品经理要多使用自己的产品，多对比外部产品，才能发现问题，找机会优化功能。

3.1.2 需求池

1. 需求池的概念

在收集到需求之后，往往需要进行统一的管理和整合，这时就需要一个“需求池”，如图3-1所示。

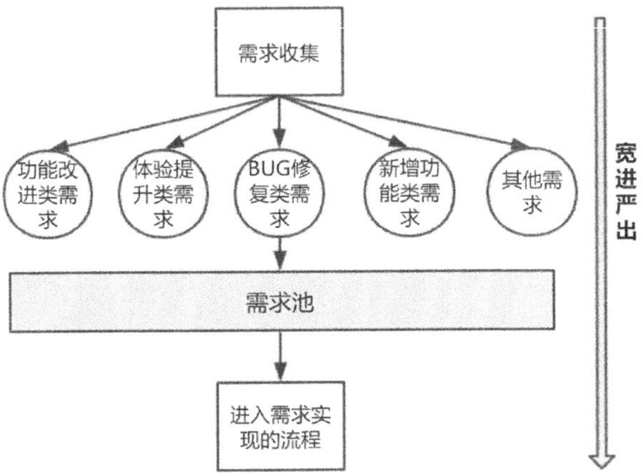

图3-1 需求池示意图

需求池是需求的集中地，集合了最初获取的原始需求信息，以便日后进行需求过滤、跟踪调研等。需求池的需求通常包括功能改进类需求、体验提升类需求、BUG修复类需求、新增功能类需求等，因此需求池也可以叫作“原始需求库”“需求漏斗”等。需求池以“宽进严出”的理念进行管理，目的就是不遗漏任何有价值的需求点。

2. 需求池的重要性

需求池的重要性主要表现在如下方面。

（1）后端产品用户在数量上没有前端产品用户那么多，但是后端产品的用户都是刚需用户，所以需要对需求做优先级排序，而需求池就是对需求进行整理和排序的一个操作区。

（2）后端产品的用户来自不同的工作岗位或者相同岗位的不同分组，他们会用到同一个功能，但是对该功能的期望又会有分歧，结果就是同一个功能点会收到不同用户的不一样的需求反馈，这就需要产品经理投入心思去梳理、归类、整合、统筹规划这些需求。

（3）需求实现的速度往往赶不上需求量增长的速度。在处理一个需求的同时，又会有新需求进入，所以产品经理要持续管理这些需求，避免遗漏。

（4）作为需求的原始信息，需求池可以在整个产品生命周期中进行复盘、追溯和存档。

3. 需求池的使用和维护

（1）需求池的更新

如果是日常需求，收集的频次可能是一周一两次。比如在每周的周四集中收集整理这一期的需求。如果是紧急或临时需求，那么可以实时采集。

（2）需求池共享

需求池可以很简单地使用 Excel 管理，但笔者推荐使用在线文档（比如腾讯文档、石墨文档）来维护需求，便于团队之间同步和共享。

信息共享很重要，因为信息透明和信息同步是团队高效合作的前提。比如项目经理需要根据需求池来帮助产品经理争取资源；研发人员和测试人员需要根据需求池来预估大概的工作量；管理层需要根据需求池来思考是否调整当前的工作模式。不过，为了确保在线文档的内容的准确性和可控性，建议只给少数人编辑权，以便追溯变更情况。

（3）需求的分类存储

需求池中的需求可以进行分类存储。比如按照处理进度，可将需求池中的需求分为未处理的需求、处理中的需求、完结的需求；按照需求针对产品的功能，可将之分为核心需求、基本需求、扩展需求；还可以按照时间进行分类等。之所以进行较大粒度的分类，主要是为了方便快速检索和重点聚焦。

每一个需求都要体现几个重要维度：需求名称、模块、需求描述、需求来源、提出人的角色（姓名、职务、联系方式）、拟定优先级、跟进人、状态、链接、备注等，示例如表 3-1 所示。

表 3-1　需求池展示的信息维度示例

需求名称	模块	需求描述	需求来源	提出人			拟定优先级	跟进人	状态	链接	备注
				姓名	职务	联系方式					
增加订单详情页面	【订单管理】	1、详情页面包括搜索、列表、统计等；2、权限给客服人员。	用户	张学友	客服	2楼D12	高	黎明	待调研	/	本周完成

这里“拟定优先级”是指初步评估的优先级。因为最初获取的需求往往是概念或者想法，其是否为真实需求、是否有收益、是否当前阶段可实现等都还不确定，有待进一步调研核实。

“状态”可以是待调研、调研中、设计中、研发中、测试中、预发布、已完结等。

“链接”就是创建线上的需求管理链接，比如当我们使用 JIRA（一个缺陷跟踪管理系统）时，就可以放上该需求的 JIRA 链接，以关联更多相关信息。

一般来说，产品经理首先在需求池中录入最初的需求信息，然后共享给团队成员。之后产品经理正式开始调研，从此点燃链式反应，直到录入的需求被实现、验收通过并发布上线。

需求池中的需求在发布上线后，就进入了休眠状态，但是不要删除这些需求，以便后续进行追溯。需求的整合管理贯穿于整个需求周期，作为需求管理的工具之一，需求池的使用和维护也是贯穿始终的。

3.2 需求调研

需求的用户是谁？需求解决的核心问题是什么？使用场景有哪些？哪些是主要和次要场景？业务的流程是什么？除了主要业务还有哪些流程可能使用这个功能？除了本系统还有哪些系统会关联到这个功能……这些就是需求调研的“十万个为什么”。

需求调研的内容很多，但基本可以分为两个方面：一方面向内，就是向功能自身调研；一方面向外，就是对需求方进行调研。

3.2.1 需求调研的内容

需求调研是需求实现过程的重要环节。了解需求背景、明确需求目标、过滤不当需求、确定大致方案，是需求调研的内容中主要的四个部分。

1. 了解需求背景

这一环节主要完成的就是对业务背景、问题场景、用户群体、当前相关产品功能的摸底和确认，旨在复原业务场景、明确用户要解决什么问题，以及找到用户需求与现有功能体系的联系。

了解需求背景一般通过谈话、观察等方式进行。需了解的需求背景包括但不限于如下。

（1）该需求发生的业务场景是什么，这些业务活动是为了实现什么目的。

（2）在这些业务场景中用户遇到了哪些困难，当前是怎么解决的，期望通过该需求怎么解决这些困难。

（3）该需求还与哪些周边系统或哪些模块相关，它们的运行逻辑是什么样的。

（4）该需求可能还有哪些用户会用到，会对他们有哪些影响，他们的期望会有哪些。

（5）业务模式是否已经成熟稳定，预计未来何时可能会发生调整。

2. 明确需求目标

通过需求背景的调研，掌握了需求的基础信息，对需求的目标有了一定的预知。那么接下来就要明确需求的目标，即明确该需求究竟要干什么？并将需求目标具体化到可测量的维度上。

可以使用 5W2H 规则明确需求目标，包括：需要的功能是什么（What），为什么要有这样的功能（Why），功能的用户是谁（Who），用户在什么时候使用（When），在哪个模块使用（Where），怎么使用（How），频次或数据量怎么样（How Much）。

基于以上，基本可以确定需求的范围、功能流程、用户体验要素、功能模块、功能性能等。这些就是构成需求目标的成分。需求目标的明确，关系到未来需求验收标准的制定。

3. 过滤不当需求

科学地过滤需求既有利于产品体系的良性发展，也有利于整个团队的高效工作。最简单的过滤需求的方式，主要是判断需求是否有价值、是否合理，以及优先级排序。

（1）确定需求是否有价值

需求的价值就是需求能带来什么收益。比如做了该需求能节约多少劳动力、挽回多少损失、增加多大社会效益等。不做有多大损失，是否影响业务的连续性，是否造成巨大损失等。

如果一个需求做和不做没多大区别，那么就说明该需求并无实质价值，建议把该需求过滤掉。

（2）确定需求的合理性

需求的合理性包括需求的定位是否合理、需求的实现是否合理两个方面。

确定需求的定位是否合理：比如该需求在本系统中实现是否恰当，权限开放出来是否合适，是否泄漏了公司的机密等。有的时候，用户并不区分某需求是不是应该在这个系统中实现，所以他们提出的需求有可能与本系统无关，这时候就要求产品经理能分析出合理的功能归属。

确定需求的实现是否合理：比如技术的投入产出比是否合适，使用第三方的应用的成本是否更低，当前公司的人才储备是否足以支撑该需求的实现等。实现起来不合理的需求，就应当过滤掉。

（3）通过优先级辅助过滤需求

使用需求得分权重法，排出各个需求的整体得分名次，作为需求的优先级。优先级低的需求可以考虑过滤掉。

笔者会在后文提到需求得分权重法。

4. 确定大致方案

在调研需求时，虽然还没有开始进行方案设计，但是基本的方案轮廓已经在产品经理的头脑中形成，因此产品经理可以跟开发人员交互意见，大概描述出方案的轮廓，咨询其可行性。同时产品经理也应该与需求方沟通方案的可接受性。当然在最终的方案输出之后，产品经理还要正式与需求方确认具体的细节。

最后需要注意的是，获得需求调研结果的标志是获得调研文档。调研文档可以使用思维导图、Excel 或 Word 去描述。调研文档需要粗略描述需求的梗概，包括背景、目标要点、注意事项、界面草图等。调研文档的主要阅读用户是产品经理自己，因此其详细程度根据实际情况而定，不必太详细，但是要能让人看得懂、不遗漏要点，从而作为需求文档的蓝本。

3.2.2 需求调研的原则

需求调研的对象往往来自不同岗位，需求内容各式各样，产品经理对产品历史功能和业务规则的了解又会影响需求调研的效率，因此需求调研是个看起来平常，但实际上比较复杂的事情。在需求调研过程中，产品经理要遵从某些原则，以便提升需求调研的效果。

1. 提前准备，虚心请教

在调研业务用户之前，产品经理要做好准备工作，应先搞清楚自己已经掌握的信息，并记录自己的问题，然后带着目的和问题跟相关业务方进行沟通。

产品经理在与业务用户进行沟通的时候，要用一种谦恭的态度，把调研的过程当作学习的过程，虚心请教。

2. 做好记录

产品经理在调研需求的时候，一般先采用即时聊天或打电话的方式，如果聊不清楚，那么就约时间面对面沟通。不管采用哪个方式，产品经理都要做好沟通记录。

需要重点记录的信息主要分两类：一类是自己的疑问，属于自己事先考虑过，但是不明白的部分；另一类是自己事先没想到的，但经过进一步沟通才意识到的内容。

3. 调研要深入

“调研要深入”有两方面的意思。

一方面是深入分析该需求与业务用户的痛点是否真的对应。有时候业务用户要求的功能并不能解决他们的问题，这时候产品经理就要深入问题内部，提出更专业的解决方案。

另一方面是考察功能本身的深层背景。比如业务用户要求在某一页面中增加一个搜索项，看起来需求很清晰，但产品经理要思考一下“为什么之前没有这个搜索项”“是不是这个字段查询会很慢”“不加该搜索项的话会导致多大损失，增加的话会获得多少收益”等问题，从而提高解决需求的质量。

4. 注意对兼容性的调研

在进行需求调研的时候，不能只顾着向目标前进，还要有意识地横向考察兼容性。所谓兼容性调研，包括以下两方面内容。

一方面是考察本需求与旧功能，或与相关系统的兼容性，要考虑：这个需求能这么做吗，与现在系统是否有冲突，做了之后是否对相关系统有影响，是否需要相关系统同步进行调整呢？

另一方面是考察不同的业务用户对于同一个功能是否可以兼容使用。换言之，产品经理在调查主要关系人之后，还要再看看涉及该功能模块或业务的其他用户，看看他们是否也能接受该功能的调整。

5. 高效调研

高效调研就是节省调研时间、提高调研的质量。

建议产品经理能够一次性调研完毕，这样既节约各方的时间，又锻炼产品经理的思维缜密性和执行力。

但是，如果经过一次调研后发现调研过程有所遗漏，或者衍生出新问题，那就还要继续调研，直到彻底弄明白。如果产品经理经过调研之后还是一知半解，那么输出的方案就经不起考验，在后面的评审和研发阶段仍要做反复修订。

6. 注意事项

（1）避免把要求当作需求。用户的要求可能超出了业务需求范围，或者超出了技术储备范围。遇到这种情况，要引导用户克制自己不合理的欲望，同时引导用户回归到解决问题的轨道上来，从实际出发寻求合理的需求。

（2）在与用户沟通的时候，避免提问过于技术性。针对用户的调研，不要使用过多的技术术语。如果是调查问卷形式的调研，那么问卷内容不能过于技术化，否则就会造成用户理解困难。正确的做法是尽量穿插用户场景，使用用户熟悉的语言进行引导。

（3）避免需求目标不可测量。换言之，要避免让用户的需求缺乏检验的标准。有时候用户给出的需求点很笼统，产品经理一定要将其具体化，只有这样才能在实现、测试、验收阶段设立标准。

（4）避免和不适当的人讨论。调研对象不合适，一方面无法获取真实的需求，另一方面也无法确认最终需求方案，最后往往事倍功半。一般调研的对象以该业务用户的组长或其他经验丰富的员工为佳，并与对方强调调研内容的唯一性和准确性。

3.2.3 需求调研的方法举例

前面介绍了需求调研的内容和实施原则，本节将举例说明几种常用的需求调研方法。

1. 过滤需求的方法

过滤需求的方法，就是通过一定的手段判断需求是否应该被过滤掉。

（1）用户场景模拟法

后端产品的价值就是帮助业务用户，因此在调研需求的时候要模拟业务用户工作的场景，分析业务用户提到的需求是否能解决其问题。如果不能帮助业务用户，那么这个需求就可能是伪需求，以下面的案例说明。

背景：“货到付款”类型的订单会因为缺货而无法发出，如果超过一定的时间，客服就会跟顾客沟通，帮顾客取消订单。

需求：由于这种订单的数量还是挺多的，逐个取消太费时间，因此业务用户（客服）要求在“缺货订单”列表页增加“批量取消订单”按钮。

分析：经过对业务操作场景进行调研，产品经理发现业务用户要先找到该类缺货订单，然后和顾客沟通，待顾客同意删除后才进行删除，换言之，该业务需要逐个与顾客沟通确认，再逐个取消订单，所以“批量取消订单”功能实际上无法被有效使用。

因此，该需求是一个伪需求，应该过滤掉。

（2）功能归属分析法

专门系统做专职功能，有助于合理的产品体系建设。因此在进行需求调研的时候，可以通过系统的定位，判断需求是否应该在该系统中完成。如果该需求不属于该系统范畴，那么直接说服需求方更换方案，以下面的案例说明。

背景：CRM（顾客关系管理）系统有一个顾客标签生成功能，就是根据顾客的消费行为数据，自动对应关联标签（如优质顾客、高潜力顾客、欺诈顾客等）。

需求：业务用户提出需求，除了做出上述的基础标签之外，还要做出英语版本的标签（就是把标签文案翻译成英文），这样欧美员工可以在英语版本的系统下使用。

分析：经过调研，产品经理能够了解到，翻译之后的标签不是在 CRM 系统中使用的，而是在 SMS（客服系统）中使用的，所以应该由 SMS 根据 CRM 系统提供的基础标签数据，自己做二次的衍生工作。之所以这样安排，首先可以避免未来更多语言版本的扩展需求或更多系统提出类似的需求，其次 CRM 系统已经完成了“接力赛”的第一棒，创造了基础数据，那么其他系统要特殊化使用，完全可以自行进行特殊化处理。

在这个案例中，需求本身是真需求，并且在实现上也没难度，但是该功能的定位超出了本系统范畴。专门系统做专职功能，衍生需求应该在下游执行，否则过高的耦合性会增加系统的复杂程度，难以维护和扩展。

2. 通过拆分和聚合的方法调研需求

（1）需求拆分调研法

业务用户提出的一个需求，很可能只是短短的一段话，但这一句话可能暗含了很多线索，因此要善于拆分需求：先找到用户要解决的核心问题，再围绕核心点，理清前、后、左、右、上、下的旁系需求点。可以把每个需求点当作一个子需求进行调研，最后再将之聚合在一起，以下面的案例说明。

背景：订单的类型很多，订单在退货之后需要创建售后单据，但是因为数量大，所以花费很多人力，且手动创建订单有出错的风险。

需求：业务提出的需求是“增加退货订单自动创建售后单据的功能”，这是个一句话需求。

分析：该一句话需求，其实包含了多种具体的订单类型和场景，那么我们就要拆分需求，拆分的维度比如自营订单、第三方订单、货到付款订单、先款后货订单、部分退货订单、完全退货订单、服装事业部订单、电子事业部订单等，其中每一个维度就相当于一个小需求。

（2）需求聚合调研法

需求拆分调研法是将单个需求分解成若干小需求进行调研；需求聚合调研法与之相反，是找到许多个相互关联的小需求的共性，然后将它们统筹成一个大需求去完成。

例如：由于业务用户分散在不同的部门中，各自为政，于是张三、李四可能都对同一个业务流程有相同的需求，或者对同一个功能有相同的优化期望，结果两人分别提了需求过来。那么产品经理就要找到二者背后的相关性和交叉区，然后统筹规划，将之聚合在一起当作一个需求来调研，最终输出一个整体的需求调研结果。

3. 利用功能测试辅助调研

调研产品现有功能，可以用来确认原有功能的逻辑，或者确定新需求方案是否可行。比如业务用户需要更新一个功能，为了避免更新出错或遗漏，产品经理需要知道修改后的系统能否正常运行。最基础的办法就是自己设计一个测试用例，记录操作方式、状态变化、数据流向等，以下面的案例说明。

> 背景：从销售网站中获取的 OMS（订单管理系统）的订单信息带有顾客的邮箱。顾客下完单，可能会在销售网站中修改邮箱，而此时已经获取的 OMS 的历史订单中的邮箱是不变的。
>
> 需求：顾客若在销售网站中修改邮箱，那么已经从 OMS 中获取的顾客订单的邮箱也要进行同步修改。

分析：需求是很明白的，有其意义，但也有风险，因为我们知道订单信息贯穿于整个订单流转过程，牵扯到订单编辑、审核、取消、配货、发货等环节，而这些环节跳转的触发条件可能就是某个信息更新（这里面可能就包括邮箱更新），因此更新邮箱是否会影响流程中的某些环节，短时间内很难准确知道。

产品经理可以采用测试的方式，设计测试用例，在测试机上运行一些订单，观察各个环节受到邮箱变更的影响，然后将之收集起来分析对策。

测试法就像探雷一样，主要用来解决未知风险点。这个方式的重点是记录和分析操作前状态、操作位点、操作后状态、操作后触发的连锁反应、数据流向等。

4. “拔出萝卜带出泥”的方式调研需求

在调研需求时，产品经理要“拔出萝卜带出泥”，挖掘用户没看到的需求点和价值，以下面的案例说明。

背景：在店铺入驻销售平台后，销售平台可以对入驻的店铺的违规行为进行罚款。

需求：业务用户提出需求，将销售平台的罚款数据抓取到订单系统中，关联订单数据，以便进行人工分析。

分析：首先，产品经理要拆分需求，确定什么是罚款数据，总共有哪些罚款种类，需要对接哪些罚款种类，罚款数据与订单系统关联方式是什么、是否都能关联到、关联不到怎么办，销售平台是否已经提供了公用的罚款接口，Token（请求权限）如何获取、抓取频率怎么样、数据增长幅度多大、获取之后做哪些展示和搜索，用户权限怎么设置，需要和订单系统做哪些交互，该需求的价值是什么，等等；然后，产品经理要挖掘需求，是否需要做分析功能、分析功能的规则是什么，是否需要做监控和预警，是否需要指派负责，其他业务人员是否也有类似需求，其他平台是否也有类似需求，等等。

通过“拔出萝卜带出泥”的方式，连带找出更多需求点。

将上述调研结果重新组装起来，得到一个系统化的完整需求。产品经理可以罗列出需求要点和对应的验收目标，这样能让需求具象化，同时又不会遗漏细节，让内部充实，让外部形成闭环，并且进行了价值挖掘，做成控制阈值、预警、责任人分派、趋势分析、损失分析等高价值的功能，超出业务用户的预期。

5. 需求权重得分法

该方法的思路就是针对需求质量的不同维度设置权重，然后对需求进行打分，根据最终得分的多少排列顺序。如表 3-2 所示，我们采用五个维度：重要、紧急、收益、成本、风险，其中成本和风险是给予负分的，五个维度的分值权重分别为 30%、30%、20%、10%、10%。

表 3-2　需求权重得分统计表

维度	权重	需求1	需求2	需求3	……
重要（+）	30%	6	8	2	
紧急（+）	30%	6	2	1	
收益（+）	20%	8	5	3	
成本（-）	10%	3	3	8	
风险（-）	10%	7	2	8	
合计	100%	4.6	3.5	-0.1	

一旦对需求打了分，就可以用分数与权重相乘，得到最终得分（注意：对于负分要减）。为了方便计算，分值最好设置在 0.5～5.0 之间，或者在 0～10 之间，这样避免打分的跨度过大，出现较大偏差。

如表 3–2 所示，需求 1 的得分为“6 × 30%+6 × 30%+8 × 20%–3 × 10%–7 × 10%=4.6”，需求 2 得分为 3.5，需求 3 的得分为–0.1，由此可以判断出需求的价值顺序为：需求 1>需求 2>需求 3。对于需求 3，就可以予以淘汰。

以上的维度、分值和权重可以根据实际情况自行设计，但是要多考察和验证什么样的参数是较为合理的。注意，在实际工作中不能唯权重得分是从，应该只把它当作一个辅助工具。

6. 需求调研的其他工具或技巧

除了上述的需求调研方法，还有很多其他的工具或技巧，比如问卷调查、访谈、头脑风暴法、观察法、亲和图、鱼骨图、提示清单等。灵活使用这些工具或技巧可以确保需求调研的高效、高质量。关于上述这些工具或分析方法，笔者会在后面章节中继续聊到。

3.3 需求方案设计

完成调研，就意味着已经弄清楚了需求的前世今生，就可以进入方案设计环节。我们所说的用例图、业务流程图、功能流程图、状态流程图、信息架构图、原型图、交互界面、功能实现机制等，都是方案设计环节的内容。通常我们在设计好了这些具有提纲挈领作用的核心框架之后，也就是在完成方案设计之后，才会进入文档的输出环节。

3.3.1 需求方案设计的内容

1. 用例图

所谓用例图，是指由参与者（Actor）、用例（Use Case）、系统边界以及它们之间的关系构成的，用于描述系统功能的视图。用例图是外部用户所能观察到的系统功能的模型图，其从宏观层面上表达了角色如何使用系统等信息。

用例图可以通过 Visio 或 Axure 等工具制作。典型的用例图由参与者、用例、系统边界、箭头组成，如图 3-2 所示。

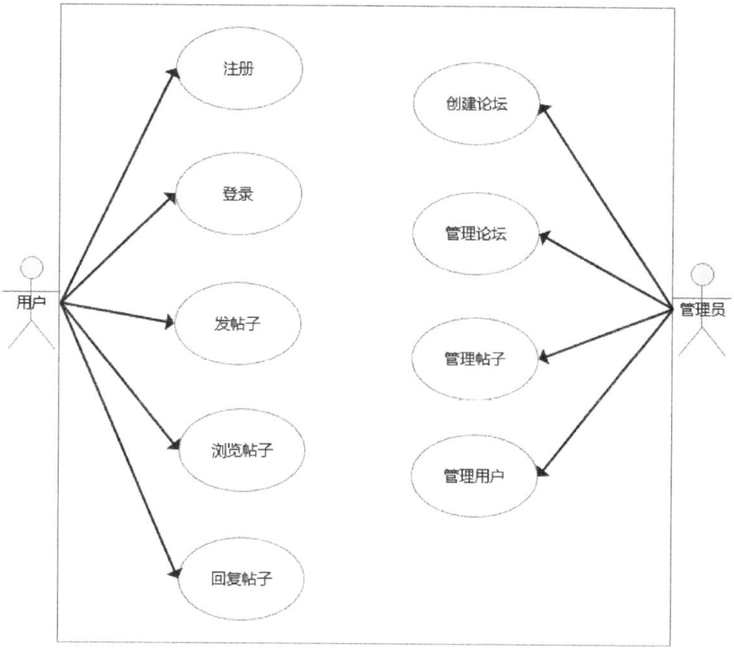

图 3-2 典型的用例图示例

参与者：就是系统功能的用户。需要注意的是，参与者是角色而不是具体的人，用一个符号式的小人表示，如图 3-3 所示。

图 3-3 用例图中的参与者

用例：就是系统功能单元，是系统功能所完成的事件。用例使用椭圆加文字表示，如图 3-4 所示。

图 3-4 用例图中的用例

系统边界：就是将一些相关的用例圈在一个方框中，来展示系统的一部分联系紧密的功能群。它可以理解为多个子用例的组合。如图 3-5 所示的方框线就是系统边界。

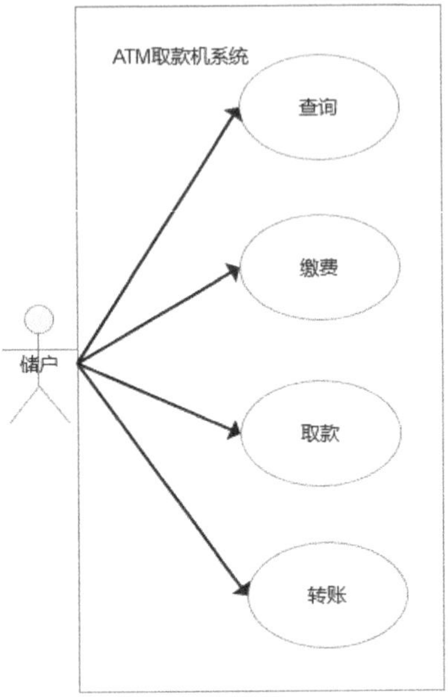

图 3-5　用例图中的系统边界（方框）

箭头表示关系，其有四种类型，分别表示关联、泛化、包含和扩展关系，如下表 3-3 所示。

表 3-3　用例图中的四种关系及其所对应的箭头

关系类型	说明	表示符号
关联	参与者与用例之间的关系	——→
泛化	参与者之间或用例之间的关系	——▷
包含	用例之间的关系	《包含》- - - - →
扩展	用例之间的关系	《扩展》- - - - →

2. 业务流程图

用例图相对来说比较简单和浓缩，开宗明义地告诉人们这个系统是干什么的，但是远远没有触碰到业务的细节，于是就需要使用业务流程图进行详细说明。

业务流程图与用例图的区别是前者更详尽。以点餐为例，其核心的业务流程（即步骤）如图 3-6 所示。

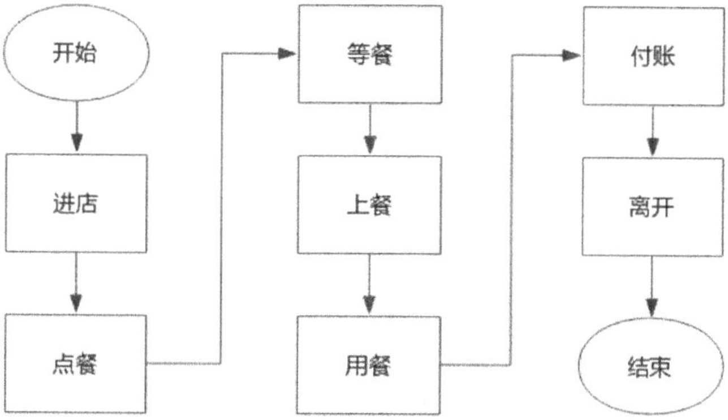

图 3-6　点餐的业务流程图

业务流程图和用例图一样，都是需求文档的业务背景环节中的内容，帮助读者了解需求要解决的问题发生在哪个情景中。

业务流程图与功能流程图的区别就是，前者描述的是用户处理业务的流程，后者描述的是系统功能运行的流程。

3. 功能流程图

（1）功能流程图介绍

业务流程图是从业务活动的角度进行绘制的，不过业务的一个活动可能对应好几个功能处理步骤，比如上面案例中的“点餐”事项，其在业务流程上就是一个事项，但是在功能上却需要进行多场景的描述，故需要制作功能流程图，如图 3-7 所示。

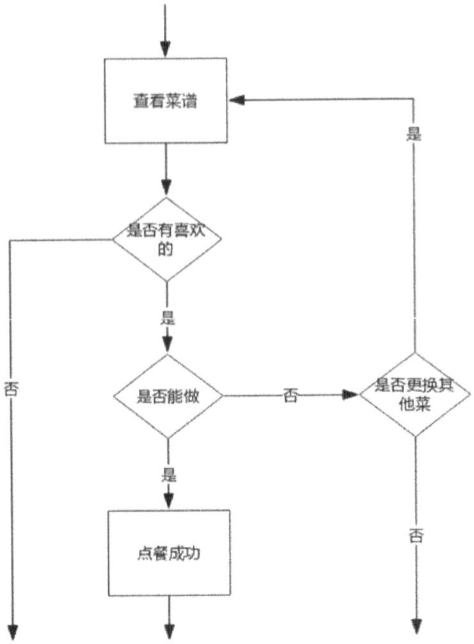

图 3-7 “点餐”事项的功能流程图（局部）

因此功能流程图更加接近需求方案，一般也是最主要的一个流程图，我们默认的流程图就是功能流程图。

（2）功能流程图的绘制

可以使用 Visio、ProcessOn、Axure、XMind 等工具绘制功能流程图。在绘制功能流程图时，有以下几个注意事项。

①功能流程图的核心作用是描述与操作相关的动作，因此每个方框都是具体的事件，不要把状态放进方框中。如果要把状态的变化也放进流程图中，建议换个形状框或者使用备注的形式表达。也可以单独做一个状态流程图出来，以免不同类型的事物放在相同的图形中造成不伦不类。

②在表示判断的菱形当中，如果是是非判断，建议写成“是否×××”形式，读

起来容易理解；如果是多重判断，建议写成“判断×××”形式。在进行多重判断的时候，每一条分支上面也可以增加文字辅助说明。多重判断的示意图如图 3-8 所示。

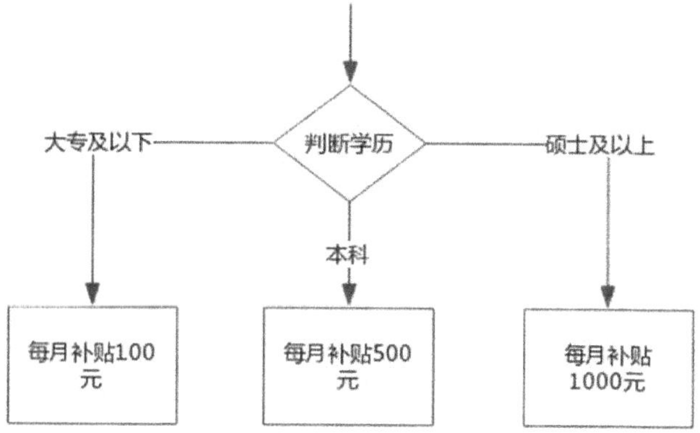

图 3-8　多重判断示意图

③功能流程图的箭头线之间最好不要有交叉。合理的流程是可以让箭头线不交叉的（当然在少数情况下，出现交叉也是可以的）。如果功能流程图有过多的交叉情况出现，或者发现不能实现流程闭环，那么就需要好好检查下，可能是图画错了。

④对于复杂的功能流程图，建议事先在草纸上用笔画，在画通顺之后再将之移到电脑上。因为在草纸上画功能流程图会更快，更容易与大脑的瞬间思路同步。

4. 状态流程图

状态流程图和功能流程图很相似，只是状态流程图针对的是状态的变化。比如审核流程类功能，常常每通过一关审核都会伴随状态的变更，且状态变化往往是作为分类或触发下一步功能的判断依据。在这个时候，“状态”就是一个很重要的属性，因此在复杂的场景下，产品经理一般都要单独制作状态流程图。状态流程图的示例如图 3-9 所示。

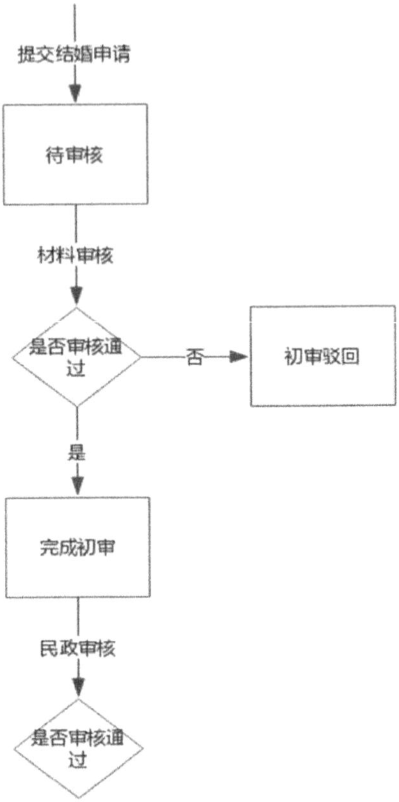

图 3-9　状态流程图示意图（局部）

5. 功能结构图

在 PRD（产品需求文档）中，有必要提供需求要点的汇总图，也就是功能结构图，有时候也叫功能架构图或信息架构图。它以鸟瞰的角度，将该需求优化或新建的功能点列出来，如同一个需求要点清单。

对于涉及较多功能的需求，制作功能结构图是很有必要的，它可以让产品的基本需求具体化、轮廓化，起到核对单的作用。图 3-10 为某 App 产品的功能结构图。

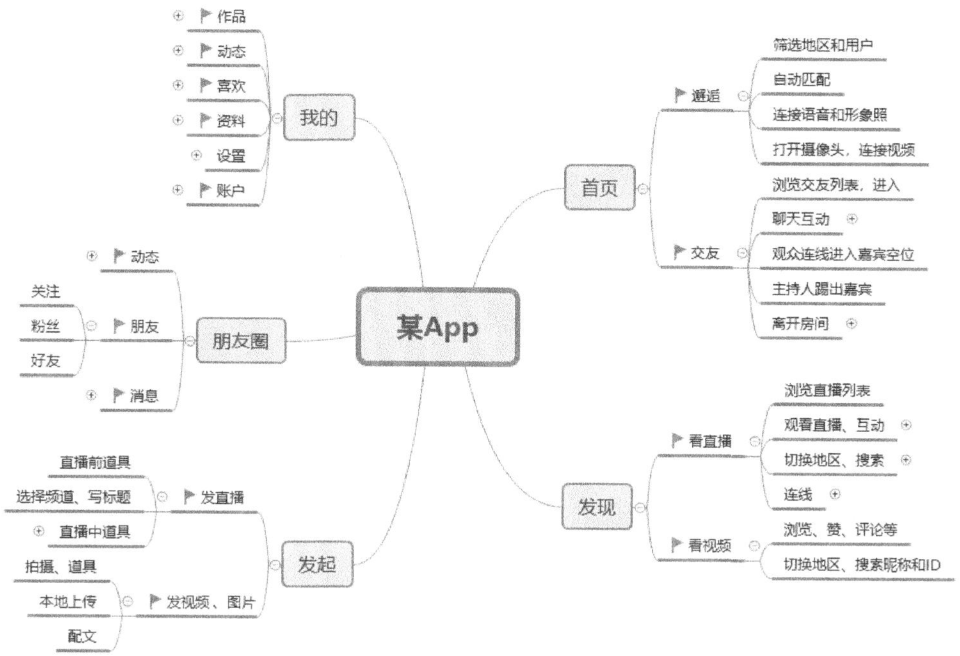

图 3-10　某 App 产品的功能结构图

6. 原型图

原型图是需求文档的主要支撑部分之一。后端产品往往是通过功能逻辑主导交互的，界面的变数不大，所以原型图的交互一般不用太深太细，辅以文字说明会更直接明白。

由于制作原型图是产品经理的必备技能之一，因此作图工具和用法就不再赘述。

7. 功能实现方案

前面提到的方案设计要素，都是从一个方面或角度来说明需求方案的设计方向的，而功能实现方案则是整个文档的血液和灵魂，是最核心的部分。实现方案包括逻辑规则、约束规范、实现机制、执行频率、异常机制、数据取值、逆向机制等方面。实现方案的本质就是将需求转化为系统层面的解决办法，因此功能实现方案在整个需求方案设计当中是最重要的，也可能是最难的。

在通常情况下，后端产品都不是一个独立的产品，而是相互之间有关联的产品体系，具有业务逻辑的耦合性，因此功能实现方案一般可以从全局方案和具体方案角度进行设计。

（1）全局方案

就是解决目标问题的整体方案。产品经理需要考虑目标问题的范围、演变性、复杂性等。全局方案不局限于某一个系统或现有的资源，也不局限于当前时间，而是站在整个体系的角度进行考虑和规划的，以下面的案例说明。

案例：物流系统通常要求校验用户身份证信息，在校验后，才能选用 A 物流方式，否则不能使用 A 物流方式运输，而在向某些地区邮寄某些商品时却只能使用 A 物流方式。

需求：为了确保万无一失，就要想办法获取几乎所有用户的身份证信息，确保网站的所有订单一旦需要使用 A 物流方式，就可以使用 A 物流方式。

分析：从全局来看，解决方法要么是网站在顾客下单时就统一将顾客身份证字段传给物流系统，要么是在所有顾客资料库中维护该字段，然后在物流发货的时候统一调用。前一个方案涉及很多第三方网站，不容易实现；后一个方案涉及多个系统的维护和调用，实现起来也比较麻烦。

究竟采用哪个方案？是否有其他替代方案？这些就是全局方案要考虑的。全局方案更依赖业务整体流程和企业资源的最优化配置。

（2）具体方案

具体方案指的是具体落地到某个后端产品或系统上的实现方案。以上面的案例来说，如果采用第二个方案，就可能需要在仓库系统中统一管理用户的身份证信息，在抓单系统中进行调用。这两个系统又要各自考虑自身实现的具体方案，比如数据运算机制、数据流转机制、规则设置方案、操作流程机制等。

因此具体方案更依赖于产品经理对具体产品系统的了解和对具体机制的把握。

3.3.2 需求方案设计的原则

后端产品有自身的特殊性，因此在需求方案的设计时需要遵循一些原则，笔者整理如下。

1. 达到目的即可

在设计后端产品时，除了从使用者的角度去考虑外，也要为技术人员的实现方式和整体成本考虑，很多时候只要达到目的即可。

比如要做一个“编辑”界面和“预览”界面，可以考虑先做一个编辑页面，然后复用该页面，把保存按钮隐藏起来，就可以将之作为预览页面了。

2. 提高准确性，降低误操作

要确保不会增加用户出错的机会。为此，对不可以逆转的或容易出错的操作都尽量做到询问或可逆。比如在导入数据时一旦校验到有异常的数据，则全部数据不予导入，并对错误行进行报告；比如对重要数据表设置回收和备份机制，即使是删除的数据也可以快速找回。

3. 考虑后续业务需求和功能的可扩展性

对于很多功能点来说，如果把代码“写死”可能做起来更快，但实际上往往只是本次快，如果未来有扩展或者衍生需求的话，就又要重新写代码，并从头再测试，其实风险和麻烦程度更大。因此对于后端产品经理来说，要实时考虑后续业务需求和功能的可扩展性。

4. 提高用户使用效率

后端产品的页面信息，能展示的就不要隐藏，比如待选项如果能平铺罗列展开，就不要设置成折叠下拉。多一个点击动作对于业务用户来说其实是一种障碍，所以不要单纯为了样式的好看而隐藏一些用户所关心的信息，否则在操作的时候，用户还得去点击“详情查看”，需要进行二次操作，降低了效率。

为了提高效率，还有一个很重要的原则就是优先显示业务人员关注的信息。例如在信息审核系统中，对于运营人员来说，他们最关心的是待审核的信息。在信息量本来就很多的情况下，就要考虑信息显示的主次。

3.3.3 需求方案设计的注意事项

产品需求方案有缺陷，可能是因为产品经理的需求调研不清楚，也可能是因为产品经理对方案实现原理不了解，所以避免缺陷的方法就是产品经理多总结多积累。在本小节中，笔者讲解一下需求方案设计的注意事项和案例。

1. 注意遵从 Web 页面设计常识

在一个页面中，我们可以看到不同的元素会被摆放到不同的位置上，页面被分隔成一块一块的区域，这是因为 HTML 语言已经划定了页面元素的坐标，我们在规划页面的时候需要遵从或利用这些规则。比如在一个表单中，当你想要在二维栏中增加一行描述时，就不能使用如图 3-11 所示的这样含糊的设计。

图 3-11　在表单中增加一行文字的含糊设计示意图

图示页面的这个位置看起来像是一个二维的表格，但截图批注的内容却是展示在一个表格中的，开发人员会很困惑：你究竟是要重新插入一个新的区域做成一维单元格，还是要在原来的表格中将该内容分成两格展示呢？

2. 结合业务场景灵活设计方案

举一个例子。在客户等级规则设置功能中有许多参数，每个参数都存在大于、等于、小于三种情况。常规的设计思路是将不同的参数分开存储，即一条完整的数据要分成多条进行存储，如表 3-4 所示，按照这样的表结构进行设计，其中编号（ID）为“001”的规则选择了三个参数，就要出现三行数据，且每一行数据都要对应考虑四组数据关系（大于、大于等于、小于、小于等于）。

表 3-4　客户等级规则的表结构设计思路（优化前）

ID	参　数	大　于	大于等于	小　于	小于等于
001	每周平均退货金额	100.00			
001	每周平均下单金额		50.00		
001	累计消费金额	50.00			80.00

这样的设计导致存储的字段较多（列较多），且每个规则又会随着参数（行，即一个统计维度，比如“累计消费金额”）的增多而导致数据量增多。由于这些规则要被传递给另一个系统去识别和运算，那么就更显得冗余沉重。是否能更令该结构简单一些呢？

经过进一步调研可知，这个功能运算出来的数据结果本身就有偏差，因此其对精确度的要求不高，于是产品经理在重新和业务用户沟通后，优化了数据存储方案：每个参数都只使用一个列，约定每列的取值为闭区间，使用半角逗号隔开。比如“大于100”可以写成“100.01,”，因为“大于 100”约等于“大于等于 100.01”，同理“小于80.01”约等于“小于等于 80.00”。经过调整后的存储结构会更加简单，如表 3-5 所示，注意表中逗号是取值区间的分割符号。

表 3-5 客户等级规则的表结构设计示意图（优化后）

ID	每周平均退货金额	每周平均下单金额	累计消费金额	其他参数
001	100.01,	50.00,	50.01,80.00	

这样，原本的 3 条数据就变为 1 条数据。

结论：设计方案尽量从简，如果方案很复杂，就回到问题源头，结合业务场景灵活设计。

3. 不要想当然

比如在设计页面搜索项时，搜索条件的多少和搜索速度并没有必然的线性关系。有时候将筛选条件细化（即增加筛选项），反而可能会提高速度。搜索速度与筛选字段的索引情况、数据量、数据存储在表的结构（如分表存储）都有关系，例如查询学生姓名时，如果先选择班级，查询速度会比不选择班级的速度稍微快一些。

因此在设计方案的时候，不能一味地通过减少搜索项来提高搜索速度，而应当根据具体的情况，结合一定的技术常识进行判断。不能想当然地设计方案。

4. 考虑特殊场景应对机制

特殊场景很多，比如逆向操作、空值、并发等。

以并发为例，后台的业务人员虽然不多，但是也常常会出现多个用户同时操作同一个数据的情况。比如两个客服都看到了同一个待编辑订单，于是两人都要进行编辑，这时就会出现并发冲突。

这种问题不仅会增加出错的风险，而且对业务人员来说也是一种重复操作，浪费了时间。因此对于这样的场景，产品经理在设计方案的时候就要跟业务人员沟通，可能对业务人员进行一个简单的分组就化解了这种问题。比如在做推送机制的时候，将数据分别推送给两个客服，或者直接将订单数据分组，让不同组的客服只处理自己组的数据。

产品经理需要在设计方案的时候就想清楚特殊场景或特殊操作，然后让开发人员根据处理机制进行具体的设计。

5. 了解业务

每个行业都有外人不熟悉的信息盲区，比如跨境业务的时区转化问题。因为海外的平台采用的时区很可能和我国的时区不一样，某些平台在不同国家站点所采用的时区也不一样，跨境网站在抓取订单时，需要把订单所属的时区转换成北京时间。

6. A/B 方案对比，取最优方案

举一个例子。某系统需要用到手续费功能，手续费的比例是由业务人员自己设置的。在做这个需求时，如果我们了解到另一个系统已经有了这套设置功能，并且已经有了正常的手续费数据。那么该系统是选择继续在自己系统中新建一个设置功能，还是选择创建接口从对方系统获取现成的功能呢？

分析：这个问题的关键在于弄清楚两种方案中哪一种的综合性价比更高。“创建接口获取功能”方案看似简单，但需要考虑系统的耦合性问题，需要进行跨系统的联调测试；“新建设置功能”方案看似复杂，但是只需做一个常规的规则设置，不需要进行联调测试。因此我们最后采用“新建设置功能”方案。

这个案例说明：表面上看起来省事的方案，实际执行起来反而可能很麻烦。产品

经理要充分思考，在对 A/B 方案进行对比后做出选择。

3.4 需求文档

3.4.1 需求文档概述

后端产品的 PRD（产品需求文档）基本都是 Word 文档。Word 文档最大的好处是可以对功能进行精准的定义，并且通过写作，可以自检出很多之前未考虑到的盲区。Word 文档的缺点是容易出现行文臃肿，导致阅读疲劳，这就对产品经理的文档写作能力提出更高的要求。

1. 需求文档模板

一般公司都会有需求文档的模板，这样不管是写还是读，都可以更有规律和针对性地捕捉需要的信息，提升效率。

对于后端产品，笔者建议准备两种 PRD 模板。一个是简洁版的模板，只需要定义背景、目标、功能说明等核心内容，用于处理逻辑规则较简短的需求，比如优化接口、增加传递参数、增删搜索项等。另一个是复杂版的模板，需要定义需求背景、目标、用例图、名词定义、概念框架、业务流程图、功能流程图、功能说明、逻辑规则、参考资料等内容，一般用于规划新功能，或者处理较大的项目型需求。

如果没有模板，那么 PRD 的行文一定要具有规律性，不能今天一个风格，明天另一个风格，以便与团队更默契地协作。

2. 需求文档内容

PRD 是一种具象的文档，有具体的结构。一般的需求文档都包括：版本说明、背景、目标、需求范围、需求用例（正文，包含所有核心内容，如功能逻辑说明）、参考资料等。

（1）版本说明

通常将初始版本的 PRD 定义为 V1.0 版本，在评审之后每修改一次则版本号增加 0.1，比如 V1.1、V1.2。在每次的更新说明中讲清楚变动的要点和对应页面。PRD 的版本说明如表 3-6 所示。

表 3-6　PRD 的版本说明

版本号	作者	操作	日　期	说　明
V1.1	zhangti	修订	2019.01.12	1. 增加一个搜索项【姓名】，详见 10 页。 2. 修改事业部的取值规则，详见 12 页。 3. 修改年月日为年月，详见 15 页。
V1.0	zhangti	新建	2019.01.02	新建

（2）需求背景

由于后端产品功能脱胎于业务背景，因此后端 PRD 的需求背景更加重要。

需求背景基本包括：当前业务流程怎么了、当前功能是怎么样的、问题是什么、需要怎么办、需要达到什么目标等。在具体落地到文档中的时候，需求背景可以根据实际情况一段说完，也可以分段表达，还可以将需求背景按业务背景、业务问题、功能现状、功能期望等项目分类阐述。

（3）名词解释

对于业务壁垒比较高、术语比较多的需求，文档一般要有一栏名词解释，用于阐释文档中出现的生僻词、专业术语、简写、缩写等。名词解释如表 3-7 所示。

表 3-7　PRD 的名词解释（局部）

名词	解释
OMS	订单管理系统（Order Management System）的简写
order_sn	订单编号
转单	订单编号映射转化。由于很多订单的来源是第三方网站或平台，其原始的订单编号没有统一的规律，当获取到我司系统的时候需做单号映射转化，使其符合我司的统一单号规则
先货后款	一种购买结算形式。即顾客下单到接收包裹之间无需付款，接收包裹之后再付款

（4）需求目标

需求目标其实就是用户角度的验收标准，只是不必详细展开。需求目标不表达如何实现，而是直接从效果的角度表达需求的预期。例子如下所示。

本需求要实现如下三点目标。

①页面在被用户点击之后的 3 秒内必须加载完成。

②用户能看到自己买到的商品。

③用户可以删除自己的商品购买记录。

（5）需求范围（功能结构图）

需求范围就是描述需求的目标项、边界、排除项，其作用是让读者清晰看到本需求要做什么，理清边界。需求范围可以使用功能结构图（前文有提到）表达、也可以用文字描述。

（6）流程图

这里的“流程图”是一个笼统的说法，用例图、业务流程图、功能流程图、状态流程图等都在这个范畴中。作为辅助性图示，流程图可以根据具体情况进行增添或删减。

在一般情况下，如果涉及的逻辑步骤多于三个，建议要有流程图。操作流过于简单或者根本就没有操作流的，就不需要有流程图。

（7）需求用例

需求用例（注意“需求用例”与前述的“用例图”不是一回事）是需求的正文部分，就是需求的核心。程序员是根据这个部分写代码的，测试人员也是在读懂这个部分之后来设计测试用例的。

要先将需求分成需求点，就像列出分级标题一样。每一个需求点就是一个小的需求用例，要逐个对需求用例进行描述。

描述的写作要严格按照需求文档语法进行，下文会继续讲解。一般而言，要按照逻辑顺序，交代清楚需求的具体可行方案。如图 3-12 所示，这是一个需求用例的一部分截图。

业务规则	**1、 增加获取 Z 网订单中 sku 的店铺 ID 和完全付款时间。** a） 将店铺 ID 写到 g_oms_order_goods 表； b） 完全付款时间存入 in_oms_order_ext_new 表。 参照 OMS 现有的接收规则。 **2、 增加获取 Z 网维护的店铺数据存入【发票管理-店铺管理】** （1）在现有【店铺管理】表增加一个字段：CIN 注册公司信息 / 店铺信息 公司名称:HONG KONG LOMMI E-COMMERCE LIMITED / 店铺名称:XBY 公司注册号:2647997 / 店铺名编码:341 注册地:HK / 店铺名编码:自运营 注册地址:SUITE C 2/F ON LOK MANSION 39-43 HOLLYWOOD RD CENTRAL HONG KONG / 创建时间:2018-10-16 11:01:58 税号:[{"taxNumber": "82 839244282 ", "countryCode": "FR"}, {"taxNumber": "289 7757 18", "countryCode": "GB"}, {"taxNumber": "684557318", "countryCode": "CZ"}, {"taxNumber": "N7401498F", "countryCode": "ES"}, {"taxNumber": "5263220776", "countryCode": "PL"}] / 更新时间: CIN：xxsss2233 历史数据该字段刷为空字符串（默认值）。 店铺修改日志中也要支持该字段修订日志。 备注：目前只有 Z 网建接口传递数据时需要该字段。 （2）Z 网创建接口传店铺数据 参考 GB 网站的，只需增加 CIN 字段。 a） 增量推送数据到【店铺管理】：

图 3-12 需求用例（局部）

（8）参考资料

在参考资料部分，产品经理一般要附上在调研过程中整理的相关数据表、定时脚本、接口地址、历史文档、原型链接等。

总之，关于需求文档的文章很多。笔者认为，需求文档的优秀与否不在于其写得多漂亮，而在于其有多么简练。需求文档要想写得简练，产品经理除了要对需求有深入理解之外，还要掌握需求文档的语法、行文规范、查漏补缺功能等知识。

3.4.2 需求文档的行文规范

1. 需求文档的语法

（1）需求文档必须是严谨的说明文，切忌写成风格浪漫的散文。

说明文传递的信息量最大，也最直接。需求文档就像说明书一样，追求翔实、准确，而非浪漫漂亮。

对于喜欢抒情或散文风格文章的产品经理，可以在写完文档后多加检查，去掉文档中容易误导读者的形容词、比喻句、副词、拟人手法等，看看词语是否有歧义，是否有重复描述。

（2）行文简洁，方便阅读。

这一条与界面设计的极简原则很相似，换言之就是，能用一句话说明就不要说第二句。在写完文档之后要进行检查，如果删掉一些句子不会影响读者理解，那就删掉。总之，要突出核心信息，避免分散读者的注意力。

（3）避免用词不当。

建议不要用含义不明确的词汇。在口头交流时，有些词汇可能表达不准确，但大家通常可以意会，而在产品需求文档中，用词要更严谨，避免词语歧义或失准。

（4）避免用语模棱两可，尽量语意唯一。

比如在文档中写“电话号码字段默认取空”，就不如写成“电话号码字段默认取空字符串”。

因为有的时候开发人员会将这句话中的“空”误解为“NULL”。 NULL 的意思是无意义、无效、不存在。而根据场景我们知道，这里的电话号码一定是存在的，只是不知道是多少，所以暂时空着。并且实际上数据表字段一般都定义为“NOT NULL DEFAULT”，也就是都有值，哪怕其值为空字符串。

（5）按顺序描述。

需求文档的核心读者是开发人员和测试人员，他们通常是以一种“平推式”推进的方式完成需求任务的，也就是说，他们希望将一个模块的工作做完后，再进行下一个，而不是在不同模块工作间来回跳转。因此在行文顺序上，应按照先后、左右、大小等常规的顺序进行，一个模块写完再写下一个。前面写过的模块，后面不要再写，否则会让人摸不着头脑。

例如，要在已有接口上增加一个字段，并在页面中展示，可以按照如下格式进行描述。“×”可替换为实际对应的内容。

①在×接口，增加×字段，存入数据库×表。接口逻辑调整为×。旧数据初始化方案是×。

②在×页面列表中，新增一列×，对应取值是数据库×表中的字段×。

（6）以“在哪里，做什么”为主线。

因为开发人员就是照着需求文档的指引去完成任务的，所以需求文档要告诉开发人员“在哪里，做什么”。尽量用正向语序把任务描述清楚，不要倒叙，也不要用括号或破折号做解释说明。比如前面已经描述清楚，后面就避免再接一个“也就是说……”之类的话。

（7）非本需求的功能，不要放在文档中。

开发人员和测试人员每天面对很多工作任务，因此希望所见即所得，所以不必要的任务不要加入文档。比如不要使用“可能这次要做”“注意，这个本次不做，只作为提前知悉”之类的内容。

正文一定传达清楚“做什么”。如果想要补充说明，那么请将之放在参考资料部分。如果提供的需求文档被开发人员或测试人员追问“你到底要做什么”，那么就说明，要么这个需求的调研还没完成，要么文档还没改好。

（8）采用合适的行文结构。

①如果需要在旧功能的基础上做优化，可以采用对比结构进行描述，如下。

修改前：……

修改后：……

②对于并列条件较多的需求，可以用列举的结构描述，如下。

每天一次，定时监控【退款单】（表 f_oms_refund），若同时满足下列条件，则进行数据抓取：数据更新时间为前两天；退款成功的订单的 refund_status 必须为 2、5、8、12、24 中的一个；rma_sn 不为空；order_sn 已存在于【发票列表】中。

注意：如果熟悉数据库，可以直接写数据表的字段，会比写页面显示的文字项更准确，但前提是你要确定，如果你不确定，建议不要写数据表字段，而要写清楚显示的文字项，并配以截图标注，避免弄巧成拙。

③如果有多个需求点属于同一个页面功能模块，那么可以将它们放在一个用例中，可以依次编号并分别描述。

（9）穷尽原则。

"穷尽"是方案严谨的基础。穷尽包括穷尽需求的功能点，穷尽每个功能点的要素，穷尽每一个逻辑判断、性能要求、异常机制、用户权限等。比如：做一个新页面，就要将导航栏、界面交互、搜索功能、网站介绍性文字、默认列表展示内容、列表数据统计等细节全部说清。对于后端产品而言，基本上每个需求都要说明其性能要求、异常机制等。

（10）不要遗漏对性能的要求。

后端产品对性能方面的要求不同，则技术的实现方式就会不同，开发人员需要用方案中的量级做技术评估，所以性能的要求是不可缺失的一部分。

如果产品经理不懂技术术语，则可以写出性能支持的数据或现象范围，比如"预计半年内数据量为 100 万个/天""要求接口在 3s 内响应"等。

2. 需求文档要对通用项进行统一

需求文档是后续开展工作的依据，因此对于一些通用的事项，要在需求文档中做明确的说明，避免不一致。

（1）插件命名统一。

页面的一些常见的插件的命名可能有多个版本，产品经理需要一开始就在需求文档中确定用哪一个。比如下面这几组意思相近的可用于命名插件的词汇。

①表示删除或禁用的：删除、禁用、关闭、封存。

②表示启用的：开启、启用、生效。

③表示设置的：配置、设置。

④表示编辑的：编辑时间、修改时间、更新时间、操作时间。

（2）数据库表中的通用字段命名统一（开发人员负责）。

举例如下。

①是否已写入：用“is_use”“is_used”“is_write”中的哪一个表示?

②已写入/未写入：用“1/0”“1/2”中的哪一个表示?

每个开发人员的习惯不同，所以要约定好固定使用一种，避免千人千面。

（3）页面展示统一。

例如，当数据表为空字符串时，前端的展示是显示“/”还是空白?

（4）文档命名统一。

可以使用“日期+模块名+需求名称+作者+版本号”的方式命名文档，例如“20180920_【个人资料】_编辑个人资料优化_张三_V1.0”。

（5）术语、名词的定义统一。

不同的业务会涉及不同的名词。这些词汇会多次出现在需求文档中或出现在后端产品的页面中，因此要进行统一定义。名词的定义除了关系到使用者的理解之外，也会关系到产品经理跟技术人员的沟通，比如跨境电商行业的“清关”“保税”“头程运费”“尾程运费”“大包”“小包”等术语。

3. 培养良好的文档习惯

（1）掌握良好的 Word 使用技巧。

①注意字体的使用和文字颜色的运用。

在文档中，建议正文使用宋体，且一篇文章尽量不要换字体；为了不刺眼，建议选择浅一点的黑色作为字体颜色，比如 5%的淡色黑；最多使用两种字号，比如正文字号可以用小五，表格文字字号使用六号；文档中的表格居中，表头使用灰色底色，表头字体加粗显示；善于使用项目符号和缩进，让排版整齐等。

②按写作顺序，依次描述。

产品功能需求，按照“用户需求→后台需求（数据监控等）”的顺序；业务流程，按照“步骤 1→步骤 2→步骤 3→步骤 3.1→步骤 3.2→步骤 4……”的顺序；主次关系，按照“主要功能→次要功能”的顺序；系统状态，按照“基本状态→特殊状态→异常状态”的顺序；功能点在页面布局中的位置，按照“上→下”“左→右”的顺序等。

（2）拥有合格产品经理的态度和习惯。

①持续学习，学习其他人的文档写作优点，可以把好的方面借鉴过来，吸取精华。

②要自己多看、多换位思考，揣摩他人是否能读懂，通过自查解决问题。

③请求同事（包括产品经理、程序员、测试员等）帮助评审自己的文档，接受对方的建议。

④好的文档是改出来的，写好文档后，放一段时间再看，再改。

3.4.3 需求文档的自查

对于需求文档，产品经理的心中要有一份“自查表”，做到举一反三、同步自查。

1. 按功能插件自查

需求文档中有很多常用的功能插件，产品经理需要条件反射式地对之进行相对应的自查。

（1）输入框：需限定输入的范围，做输入校验。

比如：最多输入 10 个数值，如果用户输入不合规则的内容，则在输入框下方显示红色字体的提示如“请不要输入汉字！”之类。

（2）下拉框：是否同时支持输入搜索，是否支持多选。

（3）导入文档：需校验文档内容，一旦校验到重复之处或者不合规格之处，则全文档不予导入。

（4）已有功能的逻辑规则变更：需要考虑旧数据的兼容或初始化。

（5）基础数据删除：需要考虑基础数据被调用的地方，编辑和删除这些数据时该怎么处理。比如，当商品分类中维护的“商品种类”被删除，那么在编辑和删除该分类下的历史数据时，系统就可能报错，所以对基础数据进行维护时要校验调用情况。

（6）设置规则：需要考虑规则去重、规则优先级的情况。在一般情况下，如果没有优先级，那么规则的去重和命中次序校验起来会比较麻烦。本书会在后面讨论规则设置功能。

（7）列表的数据的排序：一般按照修改时间的倒序排列，也可以使用数据库 ID 代替序号。

（8）异常机制：要时刻具备异常思维，告诉开发人员什么情况算异常，如果出现异常该如何标示出来。比如，需要用表 1 的字段 A 去匹配表 2 的字段 B，将匹配成功的数据写入表 3，这时就要考虑，如果表 1 中字段 A 为空，该怎么办。

（9）如果页面长期不登录，则自动退出：需要考虑后端产品系统的保密性。

（10）凡是需要操作的，一般都要设置页面权限：最简单的方式是将所有系统的权限分为三个等级——不能查看、只能查看、可以编辑。本书会在后面讨论权限设置功能。

（11）功能修订：比如当规则变更时，需要考虑旧数据是否要按照新规则进行初始化。

2. 按需求类型自查

（1）功能需求：需要穷尽功能覆盖的使用场景，穷尽本功能相关联的各个系统模块，穷尽本功能的用户角色。

（2）性能需求：需要考虑数据量较大时的系统压力；需要考虑批量上传、下载时的数量上限，是否进行异步处理；需要考虑浏览器兼容性；需要考虑调用接口超时的备用策略等。尽管有经验的研发人员会自己处理性能问题，但产品经理应该在研发人员做技术设计之前明确对性能的要求。

（3）安全需求：需要考虑敏感词屏蔽（同步过滤和异步召回）、防刷单机制、数据安全机制等。

3. 针对“增、查、改、删、显、算、传”的自查

（1）“增”即创建过程：创建的入口在哪；创建的条件是什么；有什么输入参数；是否必填。

（2）“查”即查找：是否支持查找；以什么方式查找，是搜索、标签还是排序；是全局搜索，还是在类目下搜索；是精确搜索，还是模糊搜索；在什么情况下搜索，是否屏蔽结果；搜索结果可以进行什么操作；如何退出搜索。

（3）“改”即编辑：编辑的入口在哪；编辑的条件是什么；什么参数支持编辑。

（4）“删”即删除：删除的对象是什么；删除的条件是什么；怎么删除；是否可以撤回删除；需不需要回收站。

（5）“显”即显示：显示的内容是什么；显示内容的优先级是什么；层级关系是什么。

（6）“算”即运算统计：统计哪些项；有什么计算或数量变化规则；用户需要的内容数量是多少；是否需要显示汇总。

（7）“传”即传输：包括转发、分享、下载、数据接口等。这里需要思考传输是否需要处理状态。

4. 关键词提醒自查

笔者罗列了几个关键词，可以作为自查的维度，它们是：完整、逆向、异常、歧义、兼容、备用、穷尽、默认、脱敏。

完整：流程是否存在断头路。

逆向：功能流程是否可逆，如果逆向操作，是否考虑对应的机制，比如退款、退货操作。

异常：即异常机制。各个步骤都可能出现预期外的情况。

歧义：需求文档的语法、功能文案、名词是否易懂，是否存在歧义。

兼容：是否存在兼容问题，不同业务人员对功能都能接受吗，各个系统之间兼容吗，新旧功能兼容吗（比如历史数据要不要初始化）？

备用：是否有备用方案、次级选项。比如当正常流程无法传输的时候，是否可以用导入的机制救急，业务高峰的系统是否有降级处理逻辑。

穷尽：业务场景和可能原因是否穷举完毕。

默认：是否给予了默认值。比如需要设置规则的功能业务未能设置怎么办?

脱敏：是否存在敏感信息，是否有脱敏机制。

总而言之，所谓逻辑校验在本质上就是一个反复追问的过程，因此逻辑校验要建立在反复思考的基础之上，不一定都要实现，但是产品经理要考虑到，并且交代清楚。

3.5 需求评审

需求文档在完善之后，就可以进行需求评审。需求评审就是针对需求方案（包括需求范围、功能方案、交互需求、数据逻辑规则等）与相关人员进行探讨确认。

1. 需求评审的内容

严格地说，需求评审包括“产品内审”和“最终评审”。“产品内审”就是将需求方案交给产品负责人或者产品同事进行同行评议，以便对不确定部分进行斟酌和修订，待需求方案完善之后，进行最终评审。最终评审就是拉上开发人员、测试人员、业务相关方，甚至领导等，一起进行演示讲解，也就是我们通常所说的需求评审。需求评审的上述两个环节也可以合并在一起，根据实际情况而定。

2. 需求评审的一般流程

需求评审的一般流程：预约相关人员、预定会议室、通知相关人员、提前发资料、开始评审（演示需求的背景、目标、方案）、讨论异议、总结。

经过需求评审会后，如果需求方案改动很小，且大家都没有异议的话可以不用再进行评审，直接分配任务和排期就可以了。如果需求方案改动较大，可能就要进行再次评审。

3. 需求评审的意义

（1）实现信息传递，达成一致意向。

技术人员一开始对于需求背景和方案基本是不了解的，但后续又完全依赖他们去实现。换言之，写需求文档的人不会去实现需求，而实现需求的人未参与写需求文档。需求评审可以实现信息互通、信息确认，让大家最终达成一致意向。

（2）发现自己设计的不足，查漏补缺。

截至需求评审之前，需求文档的内容基本都是产品经理单方面的想法。一个人的思维半径毕竟是有限的。通过评审，让不同角色的人员站在不同的角度上审视方案，是很好的检验方案和弥补方案缺陷的途径。所以说，没有评审，没有交流和讨论，是一件可怕的事情。

（3）让参与者明确工作内容和交付时间，便于做工作安排。

需求评审能够阐述需求的背景、紧急程度和重要性，并且会间接提示需求的工作量、风险程度，这样与会的相关人员就可以评估设计、开发、测试的时间，为接下来的排期做准备。

（4）相当于开工大会（Kick-off Meeting）。

需求评审的结果，一般都是通过或者驳回。一旦通过，就意味着方案获得各方的认可，并且愿意为这个需求投入自己的努力。因此需求评审相当于开工大会，无形中可以凝聚团队的力量。

4. 提高需求评审的效果

需求评审的成败关键在于两方面：一方面是信息传递和接收的质量和效果，也就是讲解的人是否表达到位，听的人是否听明白；另一方面是需求方案本身是否准确可行，也就是需求的合理性、逻辑严密性、方案的可行性等是否被认可。

在需求评审阶段，产品经理要努力做好第一方面，即信息传递和接收的质量和效果，因为有效的信息传递是保证需求评审效果的前提。提高需求评审效果的方法如下。

（1）先确认清楚，再进入评审。

在需求本身有不确定因素、需求文档有不完美之处，或者想不出好方案的时候，产品经理要及时和同事探讨。一味闭门造车，那么在评审时就会被各种问题问得找不到方向。因此产品经理要先确认清楚，再进入评审环节。

（2）找准且找全参与评审的需求干系人。

参与需求评审会的一般有以下一些人：领导、需求方、研发工程师、测试工程师、运营人员。这里特别说下为什么要拉着领导：一方面，有时候团队资源是不足的，比如缺人，这时候拉着领导一起评审，后期争取资源比较容易；另一方面，有时候团队成员对需求持不同的态度，甚至在评审会议上可能发生争吵，这时候领导可以协助控场，力排众议。

（3）提前预约时间并通知。

需求评审可能牵扯到干系人的时间安排，所以应该提前和每个干系人打招呼，再预订会议场所和设备。在评审会的前 2～3 天，产品经理要把约定的事项都搞定，然后将相关材料发给大家，并在会议当天至少再提前 1～2 个小时提醒大家，以免因个别人原因而浪费大家的时间。

（4）至少准备4份文档。

4份文档包括：用户故事（需求背景）、功能流程图、交互原型图、需求文档。实际上这些文档的内容通常都包含在一份PRD当中，这里之所以罗列出来，是强调其各自的不可替代性。

产品经理要先检查这4份文档是否还存在问题，然后给参会人员进行提前阅读，让大家带着问题参与会议。否则大家在参会时还是一头雾水，结果发现不了问题，甚至临时起争论。

（5）为参会人员准备评审核查表。

可以自己制作评审核查表并提供给审查参与人员，用来登记他们对需求的评审意见。可以从以下十个方面进行核查。

①完整性：每一项需求都必须将所要实现的功能描述清楚，提供完整的必要信息。

②准确性：每一项需求都必须准确地陈述其要实现的功能。

③无歧义：所有需求说明都只能有一个明确统一的解释。尽量把每项需求用简洁明了的语言表达出来，避免歧义。

④兼容性：指与其他系统需求或系统自身的其他功能不相排斥，可以共存。

⑤可行性：每一项需求在已知系统和环境的限制范围内都必须是可以实施的。

⑥可测试性：每项需求都能通过设计测试用例或其他验证方法来进行测试。

⑦必要性：每项需求的制定都是必要的、有价值的，不是要求，而是客观的需求。

⑧可扩展性：每项需求在实现之后都不是绝路，不至于后面无法再扩展或者修改。

⑨健壮性：在需求文档中要对可能出现的异常进行分析，并且对这些异常进行了

容错处理。

⑩可跟踪性：能在每项需求与它的根源和设计元素、源代码、测试用例之间建立起连接，这种可跟踪性要求每项需求以一种结构化的方式编写并单独标明。

（6）演示讲解要过关。

①善于用故事开始：使用用户场景故事来描述需求背景，可以让讲解变得有趣，将大家引入情景中，容易理解。

②逻辑清晰：首先要准备充足，参考“金字塔原理”，有个大概的提纲（比如第一点讲什么、第二点讲什么）。可以事先演练一下，效果会很好。

③控制时间：避免对细节的纠缠，比如像某个按钮放在哪里合适的问题，这个可以会后去完善，不要花过多时间去讨论这样的问题，尽量在有限时间里把关乎成败的节点问题确认清楚。

④把控会场：万一出现争吵的现象，就可能导致会场失控。这时候首先自己不能加入争吵的队伍，适当叫停这种行为，提醒大家回到正确的角色上来。如果出现大家消极应付，或者无法继续会议的时候，请求领导协助。实在不行就结束会议，以后再说。

（7）及时整理会议记录。

这一项是重点，可以找个同事帮你记录争论的点，你自己也要记录。这一项一定要做，不然后面再去想或者找别人去讨论会很麻烦。

5. 整理需求评审的结果

需求评审的结果无非是评审通过或不通过。前一个结果包括需要修改需求文档和不必修改需求文档两种，后一个结果包括需求取消和需求重新调研两种。需求评审的结果的处理方式如图 3-13 所示。

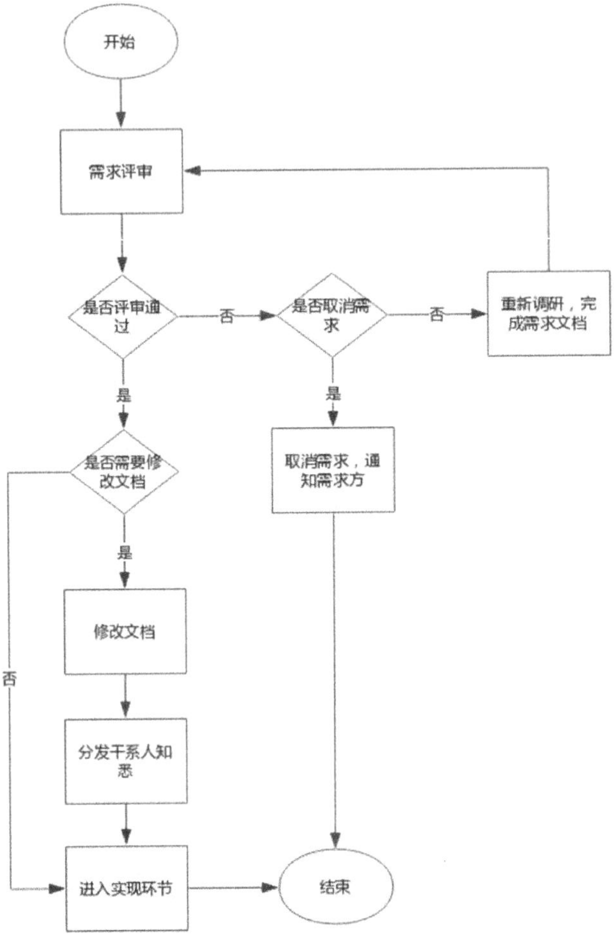

图 3-13　需求评审的结果以及对应处理方式

对于需求评审通过且不必修改需求文档的情况，直接上传需求文档到版本管理系统中，由项目管理人员分配开发人员和测试人员的排期，从而进入开发环节。

对于需求评审通过但需要修改需求文档的情况，就根据会议的记录对需求文档进行修改或调整，然后重新分发给大家知悉。

对于评审不通过且需要重新调研的需求，产品经理要根据会议提出的驳回原因，重新从调研需求开始工作，直至再次形成需求方案，再度进入评审环节。

对于评审不通过且决定取消需求的情况，通常意味着其是无法实现或者无价值的伪需求。该需求的生命周期到此结束，产品经理需要如实回复需求方并登记。

3.6 跟进研发和测试

完成了需求评审，需求方案最后做统一确认，即可进行项目排期，进入开发阶段。这时候产品经理要做好跟进工作，随时准备为研发和测试阶段排除障碍。

3.6.1 跟进研发

产品经理在研发阶段围绕程序员主要做的 5 件事，分别是：深入沟通需求细节，并保持信息同步；引导程序员高效工作；制定进度节点；跟进研发进度；跟进研发自测，并提交测试任务。跟进研发的主要事项如图 3-14 所示。

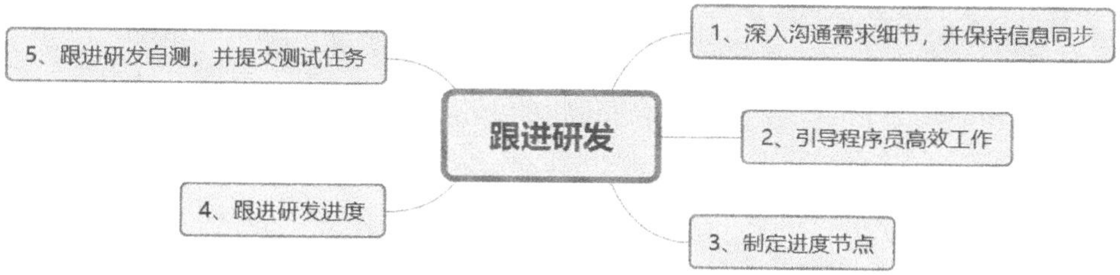

图 3-14 产品经理跟进研发的主要事项

1. 深入沟通需求细节，并保持信息同步

虽然需求评审完毕，但很多时候，程序员并不能马上完全领会需求的各个细节。在进入开发阶段时，产品经理可以主动找程序员询问有什么不确定的需求点，并深入沟通，避免程序员对需求一知半解。

另外在开发过程中，会有来自产品经理或者开发人员的新的需求异议，一旦确认变更，那么产品经理就要重新进行新方案的确定、文档更新和信息同步等工作。对于中途变更的需求，产品经理要充分了解需求变更的成本，尽量降低修改欲望。如果无法把控，就要叫停开发工作，再次开会进行需求评审确认。

2. 引导程序员高效工作

在研发阶段，要引导程序员产生主人翁意识和创造性，以便高效高质量地完成需求。

程序员往往也不希望像工具一样，被动接受任务。因此，产品经理应当从事件的背景讲起，在沟通中多使用“你看我的方案可以吗”“你有没有更好的想法”之类的语句，让程序员意识到需求是有价值的，方案是大家一起设计的，从而发挥主观能动性，超出预期完成需求。

3. 制定进度节点

项目进度节点理论上是由项目经理设定的，但是在复杂的项目中，产品经理往往是节点的实际确认人。因为产品经理更清楚项目的复杂程度，以及需要哪些外部资源的配合。

产品经理需要不断与开发人员沟通，确定项目实现的节点时间。节点时间得到认同后，应当在干系人中公示，之后项目经理和产品经理要严格按照这个节点时间跟进开发人员的进度。

4. 跟进研发进度

管控开发进度的工具包括线上形式的和线下形式的。线上形式的比如禅道项目管理系统、JIRA，线下形式的如站立会、周会等。产品经理在这些进度管控工具的辅助下，和项目经理一道推进研发的进度。

站立会是敏捷开发模式下的标配。每个人按照昨天进度、今天计划、遇到问题三段式形式汇报。每个人的汇报时间为 1～2 分钟，并做记录，会后做必要的跟踪。

周会的重点是确认本周完成的需求、重点需求进度/风险/遇到的问题，并安排下周的需求计划。

5. 跟进研发自测，并提交测试任务

产品经理要跟进开发人员的自测工作，也就是说，开发人员要先测试自己开发的功能，再提交给测试工程师做进一步测试，确保研发阶段工作的完整性。

有的开发人员跳过了自测环节，直接将写好的代码提交测试人员，这样测试通过的概率不大，并且浪费双方的时间，因此产品经理要做好从研发自测到提交测试的跟进工作。

3.6.2 跟进测试

1. 关于测试

在测试环节中，产品经理的压力相对较小。如果说上一个环节是产品经理与开发人员激烈碰撞的时期，那么这个环节就是开发人员和测试人员直接碰撞的时期。

测试是检验功能实现程度的坚实保障，因此产品经理应协助测试人员尽早介入到测试中，并且严格执行测试用例。

2. 产品经理对测试环节的跟进

产品经理对测试环节的跟进，包括但不限于如图 3-15 所示的内容。

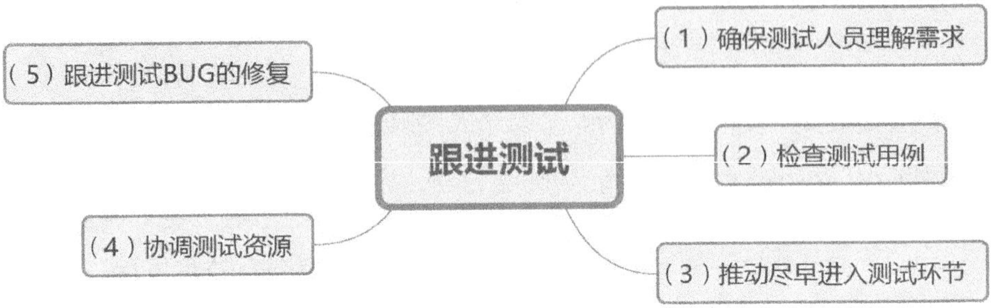

图 3-15　产品经理在跟进测试环节时的主要工作

（1）确保测试人员理解需求

类似于产品经理要确保开发人员熟知需求一样，在测试环节，产品经理也要确保测试人员对需求有透彻的理解，这是测试用例和测试执行的前提。

（2）检查测试用例

对于测试人员来说，最要紧的一份文档就是测试用例。测试用例是测试人员在读懂产品需求文档之后才能起草的。高质量的测试用例不仅可以帮助测试人员提高工作效率和准确性，同时也是后续追溯漏洞的依据。产品经理要从产品角度，检查测试用例对需求的覆盖性、针对性、有效性。

（3）推动尽早进入测试环节

研发人员是按功能模块进行开发的，因此测试人员可以先进行单元测试，即先对完成的功能进行测试。其好处是测试人员可以尽早进入测试环节，及时发现问题。

（4）协调测试资源

在多系统联合测试的需求中，要求相关系统的完成时间相近、测试人员时间一致。在该过程中，就需要产品经理或项目经理参与协调测试资源。

（5）跟进测试 BUG 的修复

测试的目的是暴露代码 BUG 或者方案 BUG，因此测试反馈的问题要及时排期进行修复。

在测试过程中，测试人员需要将发现的 BUG 记录在测试报告中，作为开发人员修复 BUG 的依据。测试报告需要包含以下几个要素。

①严重程度。通常将严重程度分为 4 级：主流程 BUG、辅助流程 BUG、交互 BUG、样式 BUG。根据严重程度安排 BUG 修复的任务。

②修复优先级。通常 BUG 修复优先级有三级：1 级代表紧急 BUG，需要立即修改；2 级代表需要上线前修改完成的 BUG；3 级代表可放在上线后进行修改的 BUG。

③BUG 内容。BUG 内容主要用来描述产品 BUG 的现象和规律，例如“点击登录按钮无反应”。

④重现步骤。标注问题重现步骤，方便程序员快速找出问题的原因，比如“进行账号登录，点击登录按钮无反应”。

⑤修复描述。主要描述需要将 BUG 修改成什么样子，方便程序员制定修改方案，比如“登录功能需要兼容 IE9 内核浏览器”。

3.7 版本发布与发布后的跟踪

3.7.1 版本发布

1. 发布前的准备

(1) 在发布前通知用户。

在发布前，要先重点通知直接使用产品的用户。因为一旦产品出现异常，那么他们不仅无法完成当前的工作，甚至他们的后续关联工作也会受影响。

如果用户较多，也可以通知用户代表，比如跟单小组的组长，并要求其传达给每个组内用户。

(2) 在系统首页进行公告通知。

公告简短明了，建议采用三段式：第一段说明在哪个菜单下修改了什么功能；第二段说清楚改了那些具体的点（改前、改后）；第三段说清楚注意的事项、培训安排和问题联系人。

2. 后端产品发布注意事项

(1) 选择发布模式。

①项目发布模式：待所有需求都实现完成后，才集中一起发布。特点就是整个项目交付周期较长，但是比较成体系。比如重构一个系统的时候就用这种方式，因为是要替代旧系统功能的，所以一定要在全部做好后一起发布才有意义。

②定期发布模式：针对日常的需求，不是特别紧急，可以定期发布。

③紧急发布模式：一般针对突发的紧急需求，其时效性要求高，风险也是最大的。比如修复线上 BUG，需要紧急测试且紧急发布，发布后还要密切关注。

具体使用这三种模式中的哪一种，应该由需求的场景、产品发展的阶段和业务特性等综合评定。

（2）选择发布时间。

①发布新版本的最合适的日期。

一般来说，不合适在周一发布新版本。因为系统积累了周末两天的数据，如果周一上线新版本，一旦出错，更正的工作量就会很大。另外也不要在周五发布新版本，因为马上进入周末，周末两天的数据可能都会使用到新功能，一旦功能出错，会产生较大的错误数据量，且技术人员（包括开发人员和测试人员）一般周末时也不在，一旦发生问题，很难紧急修复。

综合考虑，从周二到周四比较适合发布新版本。

②避开风险高发日期。

每个行业都有自己的潮汐规律，比如电商的 11 月 11 日、节假日等时间就是“爆单”日，在这些日子的前 1 周～2 周内就不要发布新版本，以免出问题。

③选好发布的钟点。

大家刚上班和接近下班的时候都不合适发布新版本。最好的发布时间在上午 10～11 点或下午 2～4 点。

总而言之，建议发布新版本的时间选在周二到周四的上午 10～11 点或下午 2～4 点。

（3）确保版本平滑切换。

如果是跨系统的大需求，需要几个系统同时上线，否则就可能出现冲突报错，因此在发布的两三天前就要和其他系统约定好发布时间。

如果涉及自身系统版本更新前后新旧内容的兼容，则提前通知用户进行刷新页面、清理缓存等操作，避免上线后因版本冲突导致异常。

（4）控制版本发布的节奏。

版本发布过于频繁，则用户嫌烦，版本太久不升级又会影响运营和市场，此外还会影响技术团队的研发节奏。良好的发布节奏感会让用户保持一个稳定的心理预期，可以调整和优化技术团队的工作安排。

版本发布周期要保持稳定，最好不要出现这个版本 1 周后发布、下个版本 3 周后发布，而再下个版本 2 个月后才发布的情况。周期的长短并不重要，只要与公司业务相匹配即可。

（5）控制发布的版本粒度。

版本粒度即版本包含的内容多少。一般而言，版本粒度要考虑用户的接受能力、业务的抗压能力、数据的支撑能力和市场的时效性。

“小步快跑”不是永远正确的。如果一次完成功能模块的体系优化在技术上更方便，且不会带来其他方面的压力的话，就可以一次性进行整个模块优化。对于这些细节的问题，需要整体考虑自身业务和产品特点、技术团队资源等，要具体问题具体分析，避免生搬硬套。

3.7.2 版本发布后的跟踪

1. 做好业务用户的培训

在需求发布之后，产品经理要根据需求的复杂程度和用户需要，对用户开展新功能的培训。在培训前要通知用户培训地点、时间，可以统一邀请、统一培训，尽量缩短时间。

2. 做好跟踪回访

产品经理一般不能操作线上环境的数据（避免影响业务），因此对系统运行的了解主要靠观察和收集业务用户的反馈。跟踪回访的需求一般分为功能性的和数据性的。

对于功能性的需求，在发布后及时通知相关用户进行页面刷新，一旦有异常则及时反馈。一般要监控 2～3 天。

对于数据性的需求，在发布后一定要密切观察数据。根据数据的更新周期，从数据源头查出应该生成多少数据、实际生成多少，先汇总对比，若有异常，则逐步缩小粒度对比，直到找到错误的具体记录。

3.8 本章小结

后端产品的日常工作主要是需求收集、需求池管理、需求过滤、需求调研、需求方案设计、需求文档输出、需求评审、排期确认、跟进开发和测试、跟进发布和线上跟踪，该流程如图 3-16 所示。

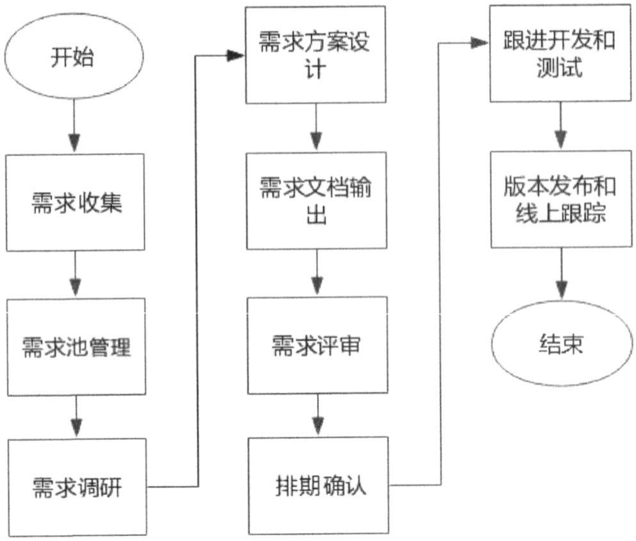

图 3-16　后端产品需求实现流程

后端产品的需求实现，是从需求收集开始的。

首先通过需求池管理收集到的需求。之后领取需求池中的需求，进行深入调研，包括过滤伪需求、挖掘深度需求、澄清需求范围等。在完成需求调研之后，进入需求方案设计阶段，输出需求文档，作为需求评审和开发的依据。后端产品多涉及跨部门跨系统的协作，因此在需求评审、资源调度、需求排期方面有其复杂的一面，产品经理要做全方位地考虑和准备。在进入需求开发和测试阶段时，产品经理要做好跟进工作。在测试完成后，进入发布环节。在后端产品发布之后要及时做好通知和培训，并做好线上数据验证和跟踪反馈，以避免对业务用户的影响造成业务事故。

第 4 章

游刃有余——后端产品经理的基本积累

“以无厚入有间，恢恢乎其于游刃必有余地矣”，这无疑是令人羡慕的匠人境界，而这种状态源自对工作对象的熟悉和自身技能的精湛。

本章要讲解的就是后端产品经理典型的技能知识，包括典型页面交互方案、典型功能模块、常见的线上问题判断，从而令产品经理在工作中举一反三，触类旁通，游刃有余。

4.1 后端产品典型的界面交互方案

产品的界面交互方案可以分为两种，一种以追求良好的用户体验为主，目的是让使用过程变得愉悦和值得回味，达到锦上添花的效果，属于体验性设计；另一种寻求功能的合理实现，是实现层面的必要项，属于功能性设计。前者主要依赖交互设计师，后者往往依赖产品经理，因为产品经理更清楚要呈现出来的是一个怎样的功能。

后端产品的界面交互设计往往属于后者，即以功能实现为主要出发点进行界面和交互的设计。后端产品的基本界面交互方式一旦搭建，往往后面会一直复用下去，但这并不是说后端产品的交互简单，实际上后端产品的界面交互也有它的难点，难在如何将用户的感知与复杂的功能目标协调一致，因此对后端产品典型的界面交互方案的探讨是很有必要的。

4.1.1 后端产品页面的整体搭建

在产品搭建之初，产品经理要关注基础页面的整体搭建，包括版面模型选择、字体元素选择、色调搭配、浏览器兼容性等。

1. 页面版面模型选择

（1）主菜单的位置

目前常见的是三种菜单位置，一种是将一级菜单放在顶部的形式，其好处是可以省出大部分主页面空间以展示主题；一种是将菜单放在左侧的形式；还有一种是页面左侧和顶部都有菜单的形式。

选择菜单栏的位置的主要依据就是看主页展示的内容有多少。例如，对于报表较多、数据量较大的页面建议使用顶部菜单栏形式，因为报表很可能有很多列，而顶部菜单栏形式可以节约横向空间。

（2）主页面的布局

主页面是页面的正文部分，主页面的布局一般由分栏的方式区分，可以根据后端产品的数据体量和业务规模选择。

单列布局：这是最简洁的一种，目前主流的后台网站基本上都使用这种布局。单列布局如图 4-1 所示。

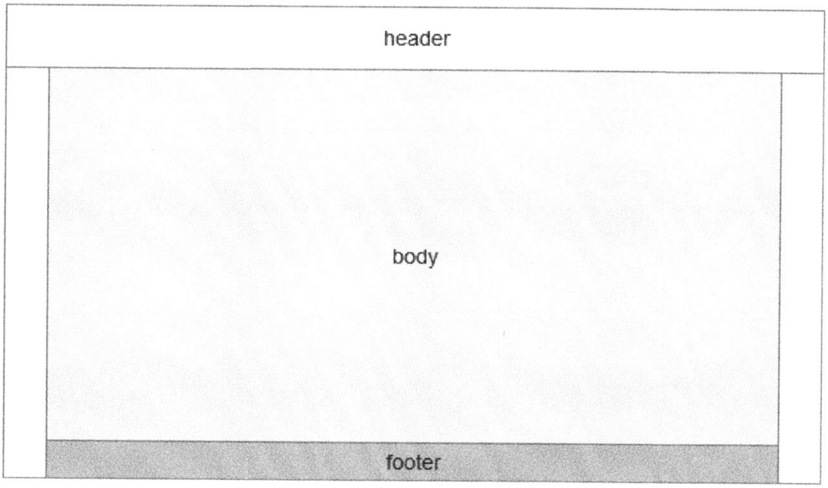

图 4-1　单列布局界面示意图

两列布局：这种布局一般用于前端网站中，但是后端产品系统也可以使用，其好处是左侧和右侧两个分栏能够互相补充。如图 4-2 所示，简书的主界面便采用两列布局。

图 4-2　简书主界面

三列布局：有两列布局就有三列布局，但是三列布局很少用在后端产品系统中，主要原因是分栏过多会导致信息的过度切割，影响传达效果。小体量、弱后台的后端产品系统或者商业化的 SaaS 系统可以使用三列布局。三列布局的页面示意图如图 4-3 所示。

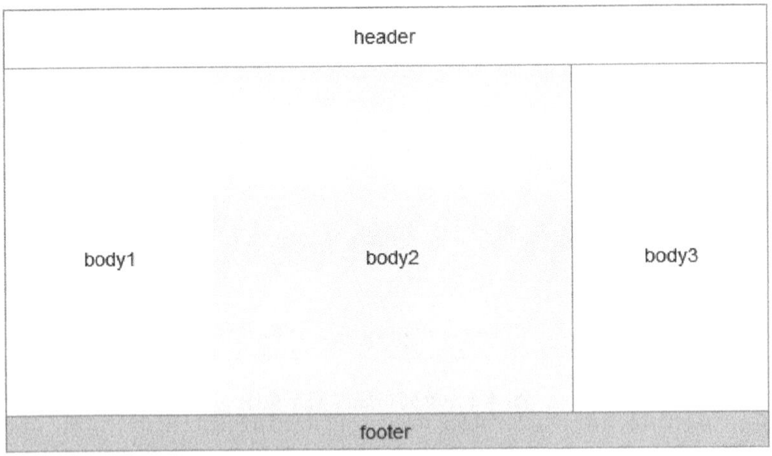

图 4-3　三列布局页面示意图

2. 字体方面的使用建议

产品经理不用过多关注文字和行高这些细节，只需要验收设计师设计的方案即可。

常规的文字可以使用浏览器系统自带的常规字体，且分为一级标题、二级标题、主内容文字、次内容文字、辅助文字（说明或引导性文字、提醒性文字）等。

3. 浏览器兼容

需要兼容主流浏览器，比如 Chrome、Firefox、Safari，具体兼容项目包括但不限于页面大小兼容、弹窗兼容、弹页大小规范兼容、图片兼容等。

4.1.2 后端产品页面的常用控件

后端产品在搭建时期就要考虑常用控件的设计规范和复用性。主要控件包括输入框、下拉框、单选/复选框、操作按钮、日期选择器、搜索框、提示框、表单等。

1. 输入框

（1）输入框的使用场景

用于内容的输入并提交，可以单独存在，也可以嵌入表单中。

（2）输入框的状态区分

不同状态的输入框需要做区分，如图 4-4 所示。

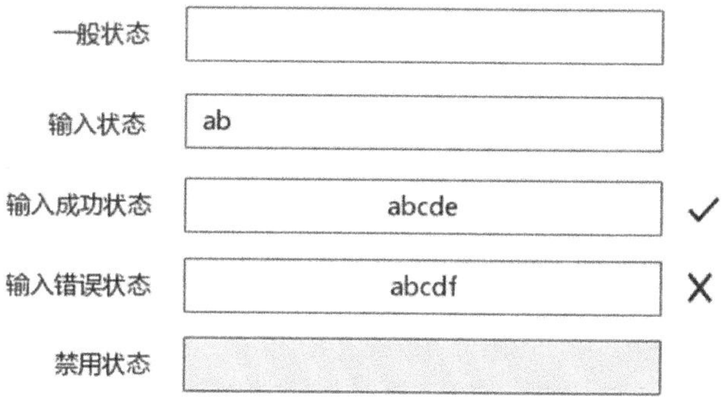

图 4-4　各种状态的输入框示意图

（3）输入框的提示和校验

可以在输入框中用浅色文字提示用户输入的内容和要求，比如“只能输入 0～100 的数字”。

要对输入内容做校验和提示。校验的时间节点可以是鼠标点击输入区之外的时候，也可以是提交表单的时候。前者的好处是让用户及时做出反应，缺点是校验频繁；后者的好处是减少交互的判断次数，缺点是用户不能及时发现问题。

（4）输入框的种类

输入框分为单行输入框和多行输入框两种。在输出原型的时候，产品经理要对两者区别对待，不可混同，以免传递给开发人员不准确的信息。多行输入框如图 4-5 所示。

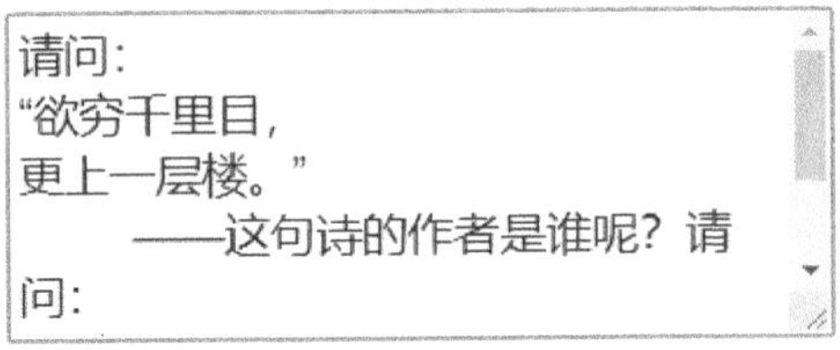

图 4-5　多行输入框示意图

（5）输入框的衍生模式

输入框的衍生模式包括：密码输入框、联想输入框。

密码输入框就是在输入框上增加了可见和不可见按钮的模式；联想输入框就是在输入框中输入的内容会获得提醒完整的词组的模式。联想输入框如图 4-6 所示。

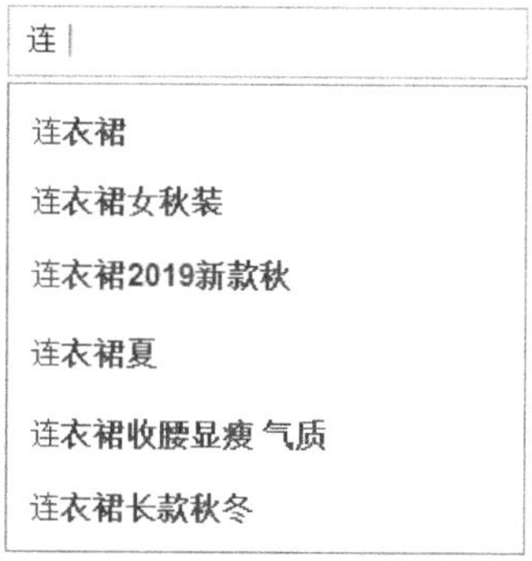

图 4-6　联想输入框示意图

2. 下拉框

（1）下拉框的使用场景

下拉框的作用就是限制用户输入内容的范围，减少用户临时输入错误。

（2）下拉框的特点

下拉框的待选项通常是相对固定的，如果要扩展，则需要修改代码。当然也可以把待选项做成可设置的状态。下拉框的示意图如图 4-7 所示。

图 4-7　下拉框示意图

（3）下拉框的衍生应用

①多级联动下拉框：在选择一级下拉框选项之后，其对应的二级下拉框就会联动出现。多级联动的下拉框如图 4-8 所示，比如选择“民族”选项，则次级下拉框中的待选项会显示各个民族。

图 4-8　多级联动下拉框示意图

②树形下拉框：其效果和多级联动下拉框的效果相似，只是树形是在同一个下拉框中显示的，不需联动弹出后续的下拉框。其同样是在一级选项中分出次级选项的，比如选择了“省份”选项，则在每个省份后面还可以选择具体的市区。树形下拉框示意图如图 4-9 所示。

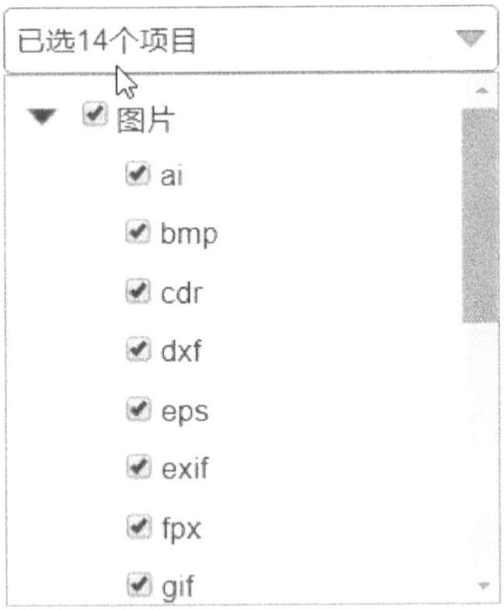

图 4-9　树形下拉框示意图

③下拉框同时支持搜索：在一些场景中，因为下拉选项较多，需要使用滚动条，这时候往往可以增加搜索功能以辅助筛选，如图 4-10 所示。

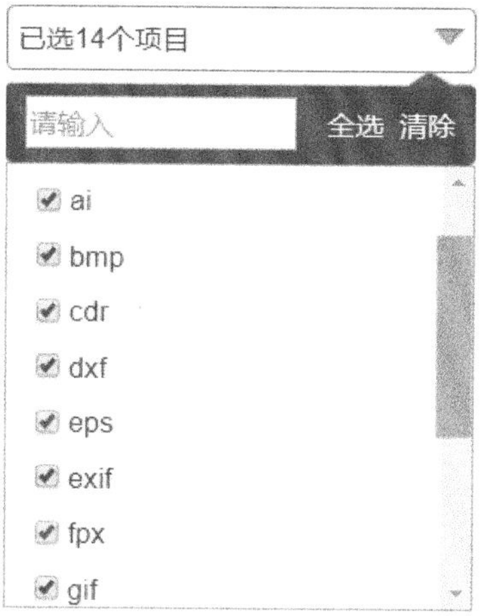

图 4-10　同时支持搜索的下拉框示意图

3. 单选框

（1）单选框的使用场景

单选框应用于多选一的场景，选项之间呈互斥关系。

（2）单选框的特点

一般都要提供默认选项。

（3）单选框的衍生应用

①有时候设置成按钮形状的单选框更方便操作，适用于后端产品系统。按钮形状的单选框如图 4-11 所示。

图 4-11　按钮形状的单选框

②开/关、启用/关闭按钮：这种形式的按钮，其本质和单选框是一致的，更符合用户心理逻辑。开/关形式的单选框如图 4-12 所示。

图 4-12　开/关形式的单选框

4. 复选框

（1）复选框的使用场景

可以用于同时选中多个选项的情况，选项之间呈兼容的关系。

（2）复选框的特点

与单选框相比，其支持多选。产品经理要注意，在出方案的时候必须准确使用单选框和复选框的图标，以免误导开发人员。

5. 穿梭器

在后端产品页面中，穿梭器多用于表单的新增或编辑。穿梭器的左侧为多选控件，中间是转移按钮，右侧是结果区。其可以把左侧列表中的元素添加到右侧列表中，也可以将右侧列表中选中的元素取消。

优点：可以从多个选项中直观看到选中了哪些选项，且选中或取消操作成本低。

缺点：占用屏幕的位置固定且面积较大，没用过此控件的用户需要花费一定的学习成本。

穿梭器示意图如图 4-13 所示。

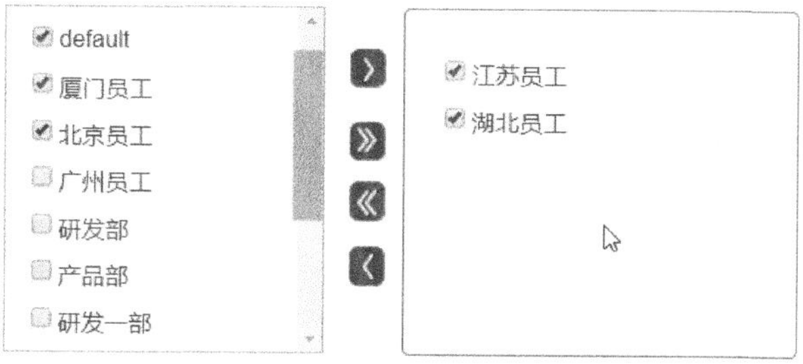

图 4-13　穿梭器示意图

6. 时间选择器

在不同的使用场景下，时间颗粒度是不同的。有的需要用户选择年、月、日，有的需要用户选择时、分、秒，此外还有时间点和时间区间的区分，对用户来说效率和体验完全不同。因此产品经理在出方案的时候，要对时间选择器加以说明。

从复用效率上讲，笔者推荐使用带有时间区间的插件，这样支持的时间粒度的范围最宽，且支持单侧区间的时间区选择（比如只选择开始时间）。带有时间区间的插件示意图如图 4-14 所示。

图 4-14　带有时间区间的插件示意图

7. 步进器

步进器用于调整细小数值，比如下单购买商品的个数，该数值的调整区间一般不大，且根据实际情况可以限制最大、最小值。步进器示意图如图 4-15 所示。

图 4-15　步进器示意图

该插件一般要和单位结合使用，并且也可以支持数值直接输入——当一个一个地增加数值太慢的话，可以点击数字输入框并直接输入数值。

8. 表单

表单在页面中的用处很广，产品经理主要应当关注的是输入框的位置和文本标签对齐方式，一般有如下几种。

（1）文本标签位于输入框顶部

这种方式可读性强，可节省大量的横向空间，但浪费纵向空间。文本标签位于输入框顶部的时候，通常文本采用左对齐或者居中对齐，其中左对齐的表单如图 4-16 所示。

图 4-16　文本标签左对齐的表单

（2）文本标签位于输入框左侧

该模式通常适用于文本或者输入框不太长的情况，减少占用垂直空间。这时上下邻近的两个输入框通常是左对齐的，而上下邻近的文本之间的对齐方式可以是左对齐的或右对齐的。

9. 提示

（1）气泡提示

也就是帮助提示。只有新用户在最开始不熟悉系统的时候才需要帮助，因此气泡提示出现是有场景要求的。气泡提示一般隐藏在说明图标中，当鼠标点击图标或悬停在图标上时，则弹出气泡提示；当鼠标点击空白处时，则气泡提示消失。气泡提示如图 4-17 所示。

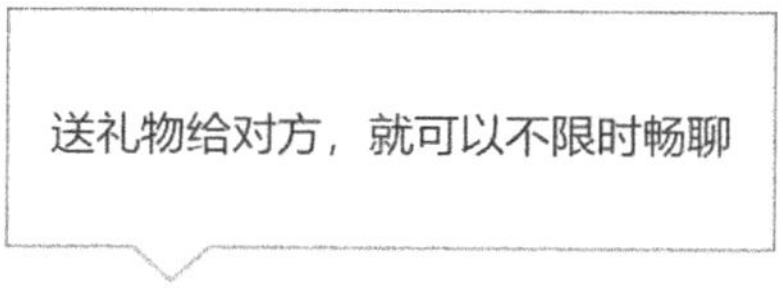

图 4-17　气泡提示

（2）指导和警告性的提示

即针对用户输入错误的提醒或重要的信息提醒，不可隐藏，可以关闭。指导和警告性的提示如图 4-18 所示。

图 4-18　指导和警告性的提示

（3）交互提示

交互提示一般是以弹框形式出现的，是对用户操作的反馈，同时需要用户在看到提示内容后做出回应。最典型的交互提示就是用户在提交信息后的二次确认。

交互提示的特点是需要用户点击才能关闭弹框。一般来说，风险大的按钮在左，风险小的按钮在右，比如“确定删除”按钮在左侧，“取消删除”按钮在右侧。

（4）Toast 提示

Toast 提示也就是弱提示，不需要用户做出回应，只起到请用户知悉的作用。其一般采用自动消失的弹框表示。弹框显示 2～3 秒后自动消失，不影响用户使用其他功能。

10. 按钮

按钮主要分为主按钮、次级按钮、特殊按钮、幽灵按钮、多选按钮等类型。按钮的状态主要有正常、悬浮、点击、加载中和禁用等。

按钮上的文本标签应该足够简洁和易懂，并且通常是一个动词。如果点击按钮后不会立即响应，应当切换为加载状态，避免用户迷惑。

当按钮标签过长（超过 6 个中文字），导致视觉效果出现问题时，建议改用链接文字；当命令是很常规的操作（如删除、编辑等），且图标语义非常容易理解时，可以使用图标作为操作按钮。

11. Tab 选项卡

Tab 选项卡是在页面内切换内容的功能控件，可以用在页面菜单栏（就是常说的页签）中，也可以用在内部功能中。Tab 选项卡如图 4-19 所示。

图 4-19　Tab 选项卡

各选项卡的内容模块之间是相互独立的，可以按照模块内容重要性以及用户使用频率从前往后排列。

12. 加载控件

加载控件用于反馈需要 2 秒以上才能完成的进程，一般可以使用沙漏、进度条等。

13. 翻页控件

翻页控件是一组能够提供翻页功能的按钮。一般默认每页加载 5～20 条数据，因此要配合翻页，以及每页显示数据条数选项。翻页控件如图 4-20 所示。

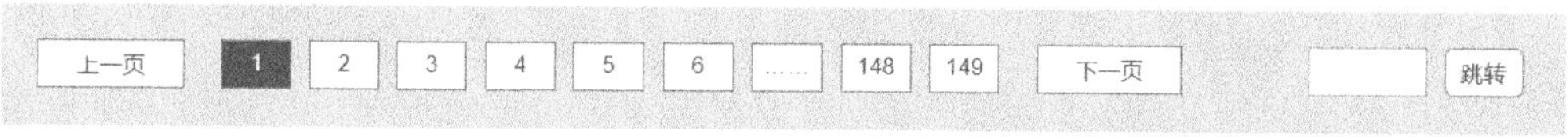

图 4-20　翻页控件

4.1.3　后端产品页面的常见交互规范

产品经理需要掌握 Web 页面的一般交互规范，本小节在页面菜单路径、页面加载等方面做举例说明。

1. 页面菜单路径（即各级导航）

（1）由于后端产品的页面层级一般比较多，因此在理论上每个页面都应显示当前页面所处的菜单路径（弹出页、预览页等特殊页面除外）。页面菜单路径如图 4-21 所示。

图 4-21　页面菜单路径

（2）菜单路径一般不超过三级，每一级都应当支持点击，即能随时返回到菜单路径上的任一层级。此外，鼠标划过或点击各级菜单时，应产生交互效果，比如文字突出或高亮。

2. 页面加载

（1）在加载页面的时候，应显示沙漏、进度条等表示“系统正处于加载状态”的图标，提示用户系统正在执行任务中。当网络状况不佳导致数据获取较慢时，要提示用户“网络不佳，请耐心等待或稍后再试”。

（2）在用户做完某些操作（如发布评论）后，页面应自动刷新。

（3）当页面加载失败、出错或没有数据时，要提示用户“页面加载失败”，避免用户长久等待。

3. 页面列表设计

后端产品的很多页面都是报表或含有报表，因此列表设计是很常见的。

（1）列表单元格正文：如果是文本内容（比如“姓名”“职业”等），则采用左对齐，显得整齐；如果是数字类型的内容（比如“收入”等），则采用右对齐，以便令小数点对齐，便于比较大小；其他情况（比如表示判断的“是/否”等）则采用中间对齐。

（2）操作栏（操作列）：操作栏位于列表的最左侧或最右侧一列。原则上，操作栏的内容均用带颜色的文字或按钮表达，如“删除”用红色字，“编辑”用蓝色字。

（3）相邻的行使用不同底色加以区分：列表的相邻行之间用不同的底色进行间隔，比如一列白一列灰，好像“斑马线”一样。在列表的数据量大的时候，这种设计可以有效避免视觉错乱。

（4）用鼠标辅助浏览：当鼠标划过表格单行时，该行的颜色应高亮显示。

（5）避免表格变形：注意向开发人员明确说明表格的宽度和高度，避免内容填充过多导致挤压表格变宽或变高。比如规定表格宽度均匀一致，表格中的内容最多显示 2 行，多出的内容用“…”表示。当鼠标悬停在“…”上时，可以在浮动层显示详细的内容。

（6）超链接：有超链接的项可以使用蓝色字体，也可以加下画线。鼠标划过超链接时要有交互效果，比如高亮。点击超链接则打开新窗口，或者打开弹框，一般不关闭原页面。

（7）当用户在一个页面中点击按钮或链接从而进入子页面时，子页面必须提供“返回”按钮。

4. 页面搜索项（或页面筛选项）

（1）对于每个搜索条件（即页面搜索项）都应设置默认值，一般为“全选”或“全不选”（在某些时候，二者是有差异的）。

（2）搜索功能要有“重置”按钮，重置后各个搜索项将恢复到初始状态。

（3）在每次搜索后，要保留当前输入的搜索条件。在翻页后，是否仍按上一页的搜索条件进行搜索，视具体业务需求而定，一般保留原搜索条件。

（4）当未搜索到任何记录时，需给予未查找到相关记录的提示信息，比如“未查询到相关信息”。

（5）输入框形式的搜索项，通常都要提供模糊查询功能（用户明确要求不需要的除外）。

（6）下拉框形式的搜索项，根据需要可以支持多选。若选项过多，还可以支持输入关键词查找待选项。

（7）在刷新页面后，自动重置筛选条件。

5. 页面操作项

（1）全选

勾选“全选”选项，则选中当前页面所有记录，但是不会选中后面的分页中的记录。换言之，所有的操作是基于当前看得到的内容进行的。

（2）输入框

输入框的必填项使用红色“*”标识，标识在该项名称的前面。当必填项未填写时，输入框使用红色描边，且输入框下方左侧要有相应的红色提示文案。

对于多行输入框来说，要有“当前已输入字数/最多可输入字数”的提示，如“50/100”。

对于输入的内容格式应予以提醒，该提醒信息可放在输入框内或者控件尾部，如“请输入手机号”“密码 8 位数字”等。

（3）提交（或上传）数据

①在提交时，需进行空值、异常值的校验，避免带入错误数据。

②在提交时，需进行重复数据校验。可以按主要标识字段（去重字段）进行重复性校验。若多个字段共同去重，则这几个字段都是完全相同的才算重复。

③在提交时，要有“终止”功能，以终止提交操作，避免进退两难的局面。

④在提交成功后，自动回到数据列表页，且不可重复提交。再次点击“提交”按钮，则系统给予刷新的操作效果，直接返回展示页面。

⑤在提交失败后，留在当前提交页，且保存用户已经输入的内容，以便再次提交。

（4）删除数据

①必须有确认删除的提示，注意“确认删除”按钮在左，“取消删除”按钮在右。

②当被删除的信息与其他记录存在关联时，应提示不允许删除，或提示先解除关联关系再进行操作。例如，要删除商品分类，假设商品信息数据用到该商品分类，则不允许该操作，并提示“该商品分类正在被使用，需先解除该分类的使用状态”。

在删除操作成功后刷新列表，则列表不再显示已删除的记录。（这些内容基本不用在需求文档中提及，但是产品经理要明白。）

在删除操作成功后，返回原记录所在页面。若原记录所在页面不存在，则返回上一页。若上一页也不存在，则当前页面提示“当前无数据”。

（5）操作提示

①谨慎操作提示：对于不可逆转的、关于重大决定的、容易出现错误的操作项，需给出提示或二次确认信息，如确认删除、退款申请确认、打款确认等，用户需要选择后方可执行。

②错误操作提示：当用户的操作不符合规则时，则需要给出错误提示，比如“请输入正确的验证码”等。可以在用户操作的同时就提示错误，也可以在用户提交整个

表单时再提示。

6. 其他

（1）交互的原则，就是在操作前、操作中、操作后，系统都要有界面状态变化，并及时响应。

（2）设计正常交互方案的时候，要考虑异常情况的对应机制。例如用户未上传头像则用户头像显示系统提供的默认图片。

（3）考虑到后端产品用户工作的保密性，在一定时间（比如 30 分钟）内，如果用户未操作页面，则自动退出账号。

（4）对全局性功能或规则定义通用的规范。比如时间的显示形式可以使用具体的“年/月/日/时/分/秒”。

4.1.4 后端产品的界面交互案例分析

1. 页面加载交互方案

页面加载交互方案不仅影响用户体验，而且关乎系统性能，影响业务效率。对于页面负载严重的功能位点，产品经理要考虑针对性的加载交互方案。常见的加载交互方案有如下三种。

（1）异步加载：也叫非阻塞模式加载，就是在浏览器下载 JavaScript 时，同时执行后续的页面处理。

异步加载的机制很常见。比如我们在发布微信朋友圈时，不是等所有文字和照片都上传完毕，才显示到朋友圈，而是当点击“发送”按钮后，界面上就会立即显示已发出到朋友圈，然而微信其实仍然在后台中上传数据。在数据上传完毕后，界面会有一个闪屏效果，那个时候才代表数据已经正式发布完成。

这样的异步处理减少了用户的等待时间，从视觉上减轻了用户等待的焦虑感。

（2）延迟加载：就是在需要的时候才加载，不需要则不加载。这样做的效率会比较低，但是占用内存也低，因为页面上有很多可能暂时不用或根本用不到的模块内容，不加载这些内容可以减少服务器负载。

例如，当用户打开淘宝首页的时候，只有在浏览器窗口范围内里的图片才会被加载，而其他图片则暂时不会被加载。当鼠标滚轮快速向下滑动时，下面的图片才会慢慢加载，我们能明显看到这个现象。

（3）预加载：即使用浏览器的空闲时间来预先加载用户接下来很可能会浏览的页面或资源。这样一来，当用户访问某个预加载的链接时，该页面能够快速呈现。

2. 隐藏表格中的部分列

如果页面中的列过多，会默认只展示使用频率较高的字段。用户根据业务角色的不同，可以通过“选列”功能，选出自己需要的列，如图 4-22 所示。系统会保存本次的选列结果，并默认在下次打开时还按上次选的列展示。

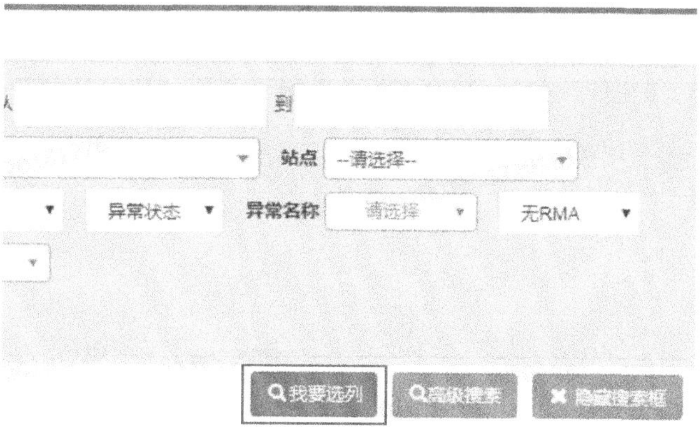

图 4-22　选择要展示的列

3. 次级页面的打开方式

在点击查看详情时，一般都采用在原页面中弹出新页面或者在新窗口中打开新页面的方式，也可以做成如图 4-23 所示这种方式。在该案例中，点击“查看订单”按钮，则向右侧滑动展开订单详情，且不会完全遮住原页面（图 4-23 的左侧部分）。这种方式的好处就是方便对比新旧页面，且新旧页面都可以操作。

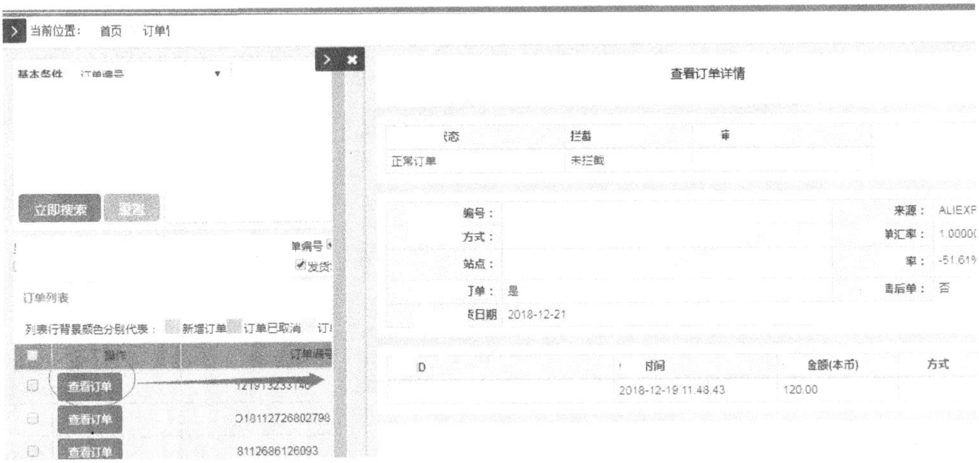

图 4-23　使用向右滑动的方式打开新页面

4. 浮窗状导航条

有的页面比较长，甚至分成不同的标题和步骤，这时候需要向下翻很久才能到达想要的页面位置。可以在页面的左侧或右侧设置一个悬浮状态的导航条，点击导航条上的子菜单，就能直接到达目标位置。浮窗状导航条如图 4-24 所示。

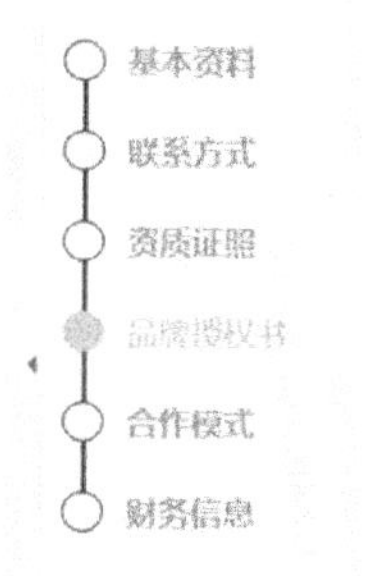

图 4-24　浮窗状导航条示意图

这种侧边导航的模式其实很常见，比如百度百科内容页面右侧的目录导航，如图 4-25 所示。

图 4-25　百度百科内容页面右侧的目录导航

5. 规则配置界面的参数选择

"规则配置"的本质就是选择参数，并设置参数的值。有时候参数很多，并且类别不一，很难一刀切做出简洁的界面。在这种情况下，可以将所有待设置的参数分类，在每个大类下细分二级小类，然后进行设置。第一步，分级选出参数项；第二步，对于该参数项，分别弹出适合的赋值界面；第三步，将设定好的参数展示出来，以备查看或操作。

比如在电商数据当中，“订单信息”是一个一级参数类别，其下设有二级参数类别比如“收货国家”“发货仓库”“商品编码”等。当选择“收货国家”参数时，系统会弹出收货国家的编辑框，其中包括国家选项，和“等于”“不等于”等关系选项，如图 4-26 所示。

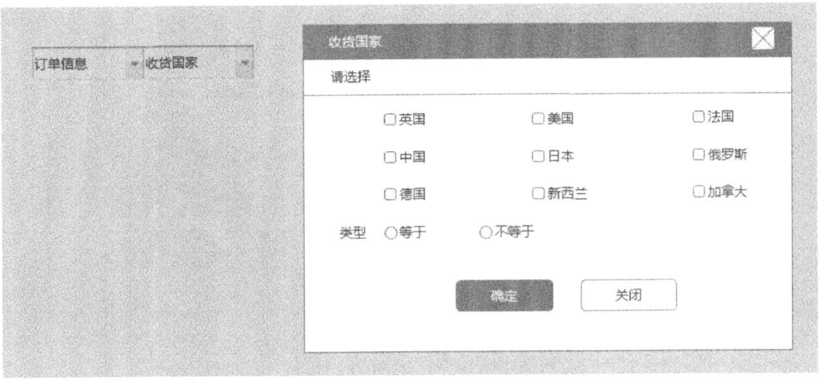

图 4-26　收货国家参数选择界面

若勾选了“等于”“俄罗斯”“英国”“加拿大”等复选框，在点击“确定”按钮后，就表示“收货国家”这个参数已经设置完毕，其将会在“已选条件”中罗列出来，并且支持删除和编辑，如图 4-27 所示。

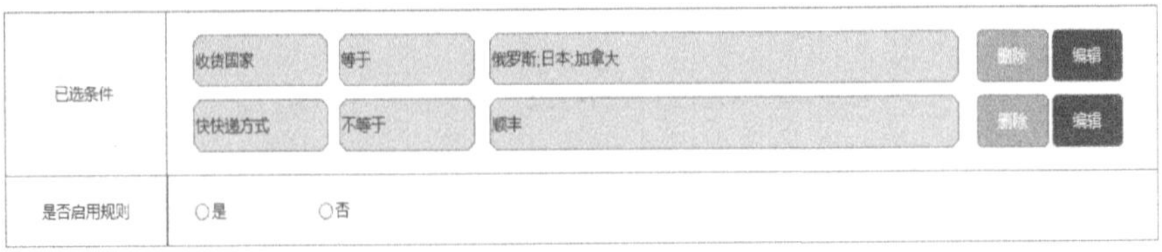

图 4-27　设置好参数项的界面

4.2 后端产品典型的功能模块

在后端产品系统中，有一些常用的典型的功能模块，本节举例介绍如下。

1. 开发数据字典

（1）什么是开发数据字典

“开发数据字典”是一个能够实现参数轻量化配置的功能模块，也可以叫它“通用配置功能”。如图 4-28 所示，这就是一个简单的“开发数据字典”的界面。

id	字典名称	key	value	说明	是否启用	修订时间	操作
1	【自动创建售后单】适用的销售平台	sale_platform	['Amazon','Wish','Shopee']	只对配置的销售平台进行售后单自动创建	是	2019-08-05 12:30:12	编辑
2	收货国家待选项	receipt_country	['德国','俄罗斯','英国','法国','印度']	配置的国家，是可供选择的业务国家	是	2019-05-05 12:30:12	编辑
3	【运费】需额外收费的商品尺寸	goods_size	[{"width":100,"height":200,"weight":20},{"width":200,"height":100,"weight":30},{"width":300,"height":300,"name":40}]	商品（包装前）的长宽高满足配置的值时，则额外收取人工费。单位是cm。	否	2019-04-05 12:30:12	编辑

图 4-28　简单的开发数据字典界面原型示意图

图 4-28 的每一条开发数据字典记录基本包含的字段有“字典名称”“key”“value”“说明”“是否启用”等，描述了该条记录被哪个功能调用、调用的参数/参数值，以及对该记录的应用说明。其中“key”用字段表示，“value”的值一般是数组形式。

在开发数据字典中，每一条记录对应一个独立的功能，并被该功能调用。图 4-28 展示了三条记录，分别用于“自动创建售后单”“收货国家待选项”“运费”模块。其通常不能由业务用户维护，而只能由技术人员管控。

（2）开发数据字典的应用场景

当参数取值个数较多或变化频率较高时，就要将参数做成参数值可配置的形式，而不能将具体的参数值写进代码里，避免每次调整都要重新修改代码。这时候就用到了“开发数据字典”功能。

比如图 4-29 所示的“收货国家”下拉菜单中的这些选项，就相当于在开发数据字典中增加一条配置记录（类似图 4-28 所示的第二条记录），那么一旦业务扩展到更多国家，或者某国家更换名字，就可以由管理员统一在数据字典里做维护，不需要修改代码。

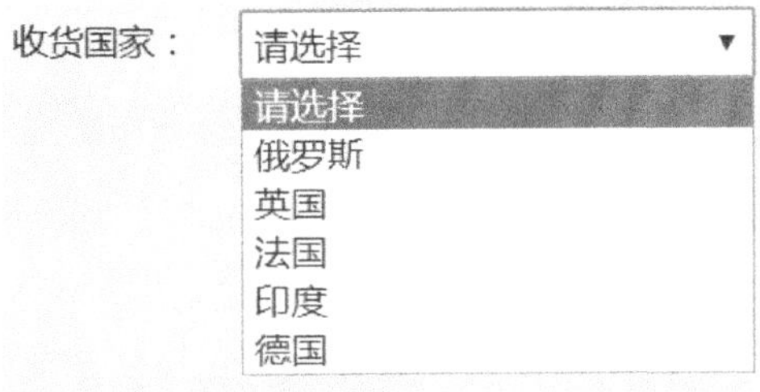

图 4-29 “收货国家”下拉菜单中的选项

使用了开发数据字典的配置，那么就要考虑配置项为空的情况，也就是万一没人配置，或者配置出错调取不到的情况，因此在写方案的时候记得定义异常规则，告诉开发人员这时该怎么处理，避免因为读取不到配置项而报错。

（3）注意事项

需要注意的是，这里的开发数据字典和数据库的数据字典不同。数据库的数据字典是对数据模型中的数据对象或者项目的条目的解释、定义和说明，是作为开发人员和其他人参考和查询工具而存在的。本文中的开发数据字典是功能取值配置的通用模块。

2. 用户操作日志

场景：不同用户对同一条数据的操作，应当留下操作轨迹，以便溯源。很多列表的操作栏都会有“查看操作日志”选项，点击则打开该条记录的操作日志。

用户操作日志的核心内容一般有：操作对象、操作方式、操作前、操作后、操作人和操作时间等。一个基础的操作日志页面如表 4-1 所示。

表 4-1　基础的操作日志页面示例

序号	操作对象	操作方式	操作前	操作后	操作人	操作时间
1	价格	修改	12.3	13.0	刘创伟	2019-08-05 12:30:12
2	国家	修改	中国，英国	中国，俄罗斯	李虎蝶	2019-06-05 12:30:12
3	是否启用	修改	是	否	章德阳	2019-04-05 12:30:12
4	——	新增	——	新增本条记录	王高	2019-05-05 12:30:12

该用户操作日志，是同一条数据在四个不同时间点上的操作记录。最下方的是新建该数据的记录，接着往上的三条记录，依次是对“是否启用”“国家”“价格”三个字段的修订记录。

注意，后端产品基本不使用删除操作，如果某数据不用了，就采用“禁用”操作的方式处理。

3. 搜索

搜索虽然常见，但有时候也是个复杂的功能。在后端产品中几乎每个列表页面都会有搜索功能。

（1）搜索项并不是越多越好

列表中的每个列，理论上都可以进行搜索项设置，但并不是搜索项越全，对用户越便利。

首先，原则上进行搜索的字段是要做数据表索引的，只有这样才能保证搜索的速度满足用户的基本要求，但是同时，一个表正常的索引个数一般是 5 个左右（关于索引的细节请参考数据库的介绍），因此未做索引的字段不宜做搜索。

其次，如果页面列表展示项不存在于同一张数据库表中，而是通过联表查询后才能展示的，那么在基础数据量大的情况下，联表查询会很慢，将影响使用速度。

所以在对页面做搜索时，应确保响应速度，要么在搜索的时候对该字段设置默认值，要么限制检索的数据数量。

（2）可以在搜索项中增加次级限制

比如在搜索框右侧增加“搜全局”“搜当前”“精确”“模糊”等次级限制选项，可以更贴切地满足使用场景需求，如图 4-30 所示。

图 4-30　搜索框的次级限制

（3）搜索功能扩展

在一些专业的搜索工具中，有一些隐性的功能，可能给后端产品设计工作带来启发，比如 Google 搜索。

如果在 Google 的搜索框中输入“python AI machine learning”，那么对于返回的每一条搜索结果来说，也许这 4 个单词都存在，也许部分单词存在，模糊匹配的程度很高。如果只想要包含所有这 4 个单词的结果，可以在搜索词前后加上引号，从而返回完整匹配的结果。

另外，使用英文减号“-”，比如“A -B”，可以搜索出包含 A 且不包含 B 的结果。

注意，在减号“-”之前一定要有空格。如图 4-31 所示，其可以搜索出包含“python AI”且不包含“machine learning”的网页。

图 4-31　要搜出包含“python AI”且不包含“machine learning”的网页

当需要搜索特定格式的文件时，可使用“filetype:pdf/doc/ppt…”格式。例如，我们想找关于 scikit-learn 的 pdf 文档资料，可以在搜索框输入如图 4-32 所示的内容。

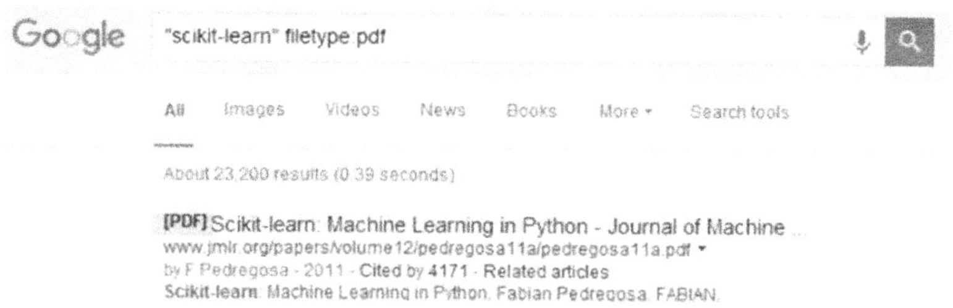

图 4-32　搜索 scikit-learn 的 pdf 文档资料

4. 页面关联显示

（1）页面关联显示的应用

页面信息中的个别值不是写入主表中的，而是通过主表的指定字段关联副表字段，从而实时读取并显示的。关联显示的实现机制在后端产品系统中很常见，有一定的应用场景和优势。

例如，如图 4-33 所示，在订单信息页面列表中，有一列是“品牌”，另一列是品牌“审核人”。在数据库中，“审核人”并不存在于订单信息页面对应的数据表（订单表）中，而是存在于另一个数据表（审核人表）中的，但两个表可以通过“品牌”进行关联。这时候订单页面的“审核人”信息显示就可以使用实时关联的方式实现：即用“品牌”关联两张数据表，最终让两列信息一起展示在同一个页面中。这样两张数据表就可以独立配置。

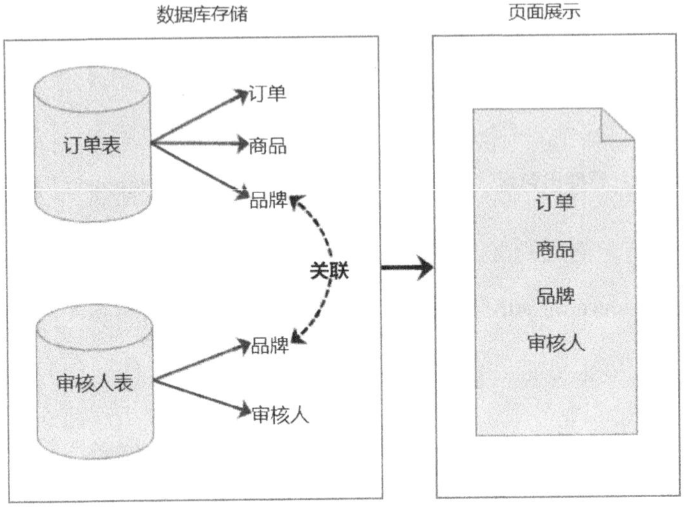

图 4-33　页面关联显示示意图

（2）注意

从实现机制上看，当页面刷新时，才会触发关联读取当前的数据，所以一旦关联的值更新了，那么历史数据也会更新。如果不允许历史数据参与后面的审核人更新，那么我们就要重新设定触发刷新拉取审核人数据的规则。比如，只有在数据新增到“订单表”的时候，拉取一次“审核人表”中的当前审核人的值，其余时间不关联拉取。因此，要确定什么时候触发拉取关联数据，也就是要确定发生更新的启动节点。

5. 数据回收

场景：理论上不允许对数据库的数据进行删除操作，但是对于后端产品来说，很多时候难免会混进来一些“脏”数据，因此删除数据的情况还是偶尔会发生的。

一些关键的数据表被下游系统调用，删除之后要确保调用该表数据的其他系统要做同步删除。怎么解决才能更安全呢？

方案之一就是采用数据回收机制。针对上游的目标数据表创建一个对应的回收表，专门接收删除后的数据。比如，为目标数据库 A 表创建对应的回收数据表 B 表，同时创建机制：A 表删除的数据进入 B 表。其他系统定期到 B 表中读取被删掉的数据，然后同步到自己系统中，再实施对应自己系统的删除操作。这样既可以实现数据同步，又降低了双方的耦合。

该方案的本质就是构建删除操作的一种联动机制。可以理解为：删除的数据进入回收表，调取数据的系统定时读取回收表数据，自己也做出对应的更新（删除）。

6. 用户权限设置

在后端产品系统中，用户权限是一个必不可少的功能点。一般的管理系统可以按照用户的角色设置用户权限，比如为运营人员开通运营模块的权限，为财务专员开通财务模块的权限。其好处就是不用对每个人都开通，只要开通角色，后面的人自动赋予角色即可。

但在实际工作中，如果业务用户很多且功能很复杂，则很多角色可能都要使用同一个功能，或者一个功能又被分割成很多不同权限区域，这时候用角色来设置页面权限的方式就不能满足需要了。

这时候可以直接采用按用户名设置权限的方式，就是为指定用户开通指定的权限。其好处就是具体化、针对性，不至于给一个人超过实际需要的权限，也不会给一个人不够用的权限。但是坏处也有，就是来一个人就要处理一个人的权限，工作很烦琐。为此，产品经理可以在配置用户权限的时候增加权限复制、批量开通等辅助功能。比如将张三的权限复制给李四、王五，一键完成操作。

7. 导出功能

报表页面的导出是一个很基础的功能，但是如果导出的字段比较多，或者导出的时候需要联表查询，那么运算的工作量就比较大，因此直接导出的话，速度会很慢。

可以从两个方面改善。一个方面是考虑大文件对系统的负荷，建议增加“当前页面导出”“后台异步导出”切换按钮，在数据量大于 5000 个的情况下，强制后台异步导出，避免在当前界面上耽误太久，也缓解服务器压力；另一个方面是将导出字段分化，将一些查询比较慢的关联字段过滤掉，让用户到其他页面进行针对性导出。数据导出界面如图 4-34 所示。

图 4-34　数据导出界面

复杂的数据页面还要增加导出维度。比如一个包裹可能包含多个订单，同时一个订单也可能会被拆分成多个包裹，因此确定导出维度，才能给出用户需要的数据。

8. 导入功能

导入也是后端产品系统常用的功能。导入的一般都是 Excel 文档，其原理就是在代码中规定 Excel 的指定列对应的字段，因此只会识别代码中明确定义的列。导入界面如图 4-35 所示。

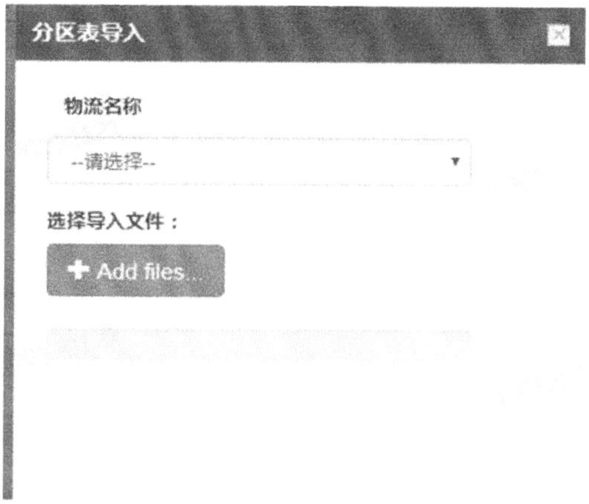

图 4-35　数据导入界面

导入功能伴随着导入模版一起存在，比如点击图 4-35 的“+ Add files”按钮，弹出的界面中包含模板，模板可以下载使用。

导入的注意事项如下。

（1）服务器性能方面

导入文件格式一般是 csv 格式，因为其压缩得比较小。当导入的文件大于一定值时，建议采用后台异步导入方式。

（2）数据安全方面的规范

①在导入的时候要校验重复数据，比如 A、B、C 三列对应的字段取值如果完全

相同，则为重复。

②也要校验上传的字段值是否符合要求，比如金额字段如果被导入汉字就需要报错。

③如果某些列只能导入受限制的值，则可以在模板中限制，比如在模板中该列所有单元格都只能选择某些固定的值中的一个，不能超出范围。

④如果校验到重复或者错误，一般建议终止全部导入，并且返回错误报告——就是在对应的 Excel 原始文件行的最右侧增加一列错误提示，以便用户进行修订并重新上传。

⑤增加锁定机制，若多个用户同时进行导入，防止导入相同的数据。

9. 简单的图片上传功能

图片上传功能至少能够实现 3 种操作：上传、删除、预览缩略图。图片上传功能的简单实现方式可以如图 4-36 所示。

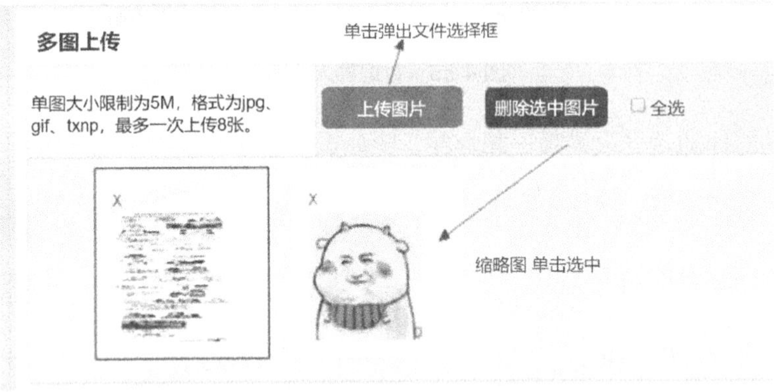

图 4-36　简单的图片上传功能

10. 埋点统计

建设性地利用埋点，监控后端产品功能模块的使用热度，以此作为优化重点功能的数据支持。埋点方式分为手动埋点、自动埋点和全埋点。手动埋点，即指定位置、指定事件监控；半自动埋点，可以设置埋点位置，不需要“写死”；全埋点，也称为无埋点，一般调用专门的 SDK 实现。

11. 规则配置功能

后端产品中的规则配置，是自动化处理问题的一个基本工具。所谓规则，就是当对应的条件满足时，则对应进行赋值，其实现步骤是：①配置规则；②遍历数据，使数据命中规则；③对命中规则的数据自动赋值。

配置规则一般包含的要素有：规则列表、规则优先级、新建/编辑界面、启用/禁用按钮、去重机制、校验机制、操作/查看权限等。

（1）配置规则的原则

①规则的参数尽量少。一方面可以减少用户维护成本；另一方面参数越少，逻辑就越简单，可以降低错误的概率。

②在一般情况下，一条待运算的数据只允许命中一条规则。

③不同的规则的参数不能完全相同，若出现彼此之间的包含情况，则要考虑规则的优先级（本质就是避免同一条数据命中多条规则）。

④穷尽原则：穷尽所有的待运算数据，穷尽所有的启用状态的规则参与运算。

（2）规则重复性和规则之间的优先级

比如以用户属性中的“国籍”和“性别”两个参数作为规则的参数项，可以配置出如下三条规则。

规则 1：“所有国家”和“男性”→标示为 X。

规则 2：“英国”和“男性”→标示为 Y。

规则 3："美国"和"女性"→标示为 Z。

由上可知，规则 1 和规则 2 中的"国籍"参数是有交叉的，因为"所有国家"就包含了"英国"，规则 1 和规则 2 的关系如图 4-37 所示。

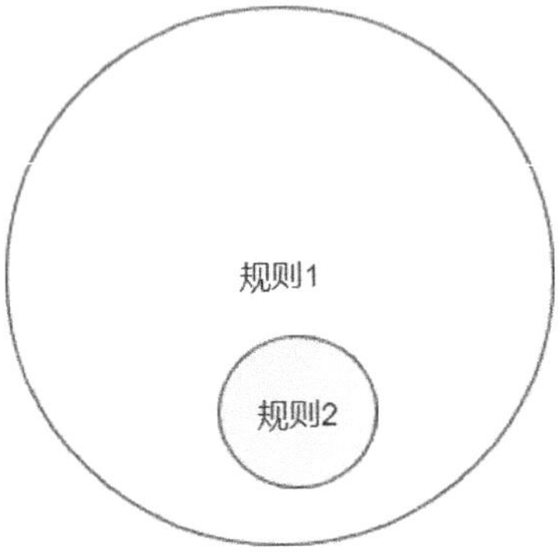

图 4-37　规则 1 和规则 2 关系示意图

在不做任何处理的情况下，该配置方式可能会导致同一个数据既会命中规则 1，又会命中规则 2 的情况出现。对此，需要提醒用户，不允许继续配置规则 2，需要先修改规则 1——将其中的"英国"排除出去，才能创建规则 2。

但是随着参数数量的增加，校验重复规则的工作量会很大。在这种情况下，后台系统可以使用更简单的去重方案——只有两个参数完全相等的情形才算重复，包含关系的情形不算重复。这样的话，因为"所有国家"不等于"英国"，规则 1 和规则 2 就可以共存，但需要增加一个优先级，规定在这个时候，系统应当优先进行哪个规则的运算。这样一来，在数据命中规则的时候，数据会优先尝试命中优先级高的规则，一旦命中一个规则，就被标记出局，从而避免出现同一条数据命中两个规则的情况。

基于以上原理，自动规则的一般运算机制如图 4-38 所示。

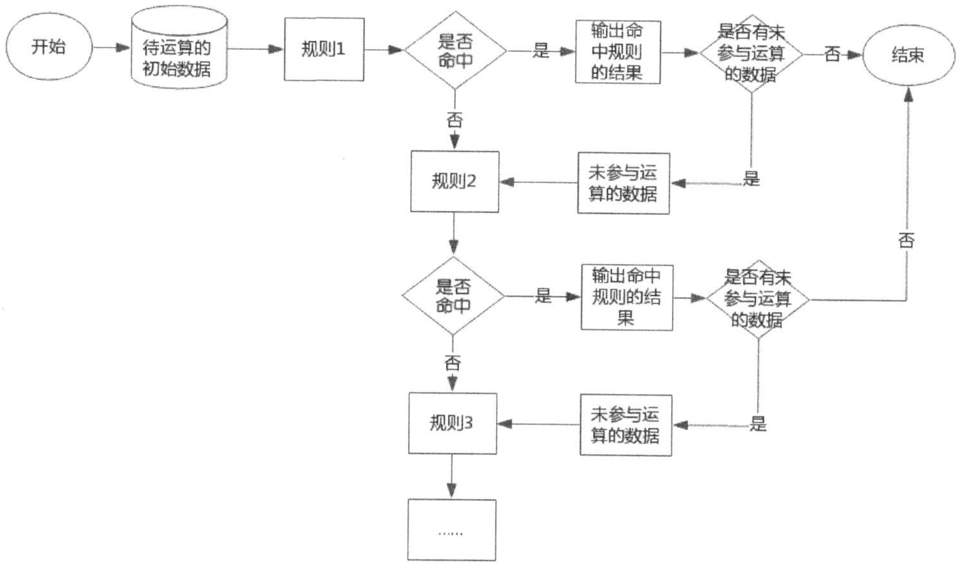

图 4-38　自动规则的一般运算机制示意图

（3）规则配置注意事项

要做规则配置需求，就要调研业务会用到的参数有哪些。如果参数较多，则应该对参数进行分类、分层级，依次选择各级分类，确保层次清晰。

对于已经选定的参数值，要能展示出其基本设置的信息，方便查阅、编辑。

在功能上线之后，我们需要对业务进行数据初始化操作，也就是给予预设的参数值。

如果业务经常变更配置并且数据量较大，也可以增加导入功能，制作导入模板，供用户自行更新规则。

12. 统一入口约束功能

后端产品往往有很多数据流入。数据的来源繁多，如百川归海，而每一个来源又有自己独特的算法机制，如图 4-39 所示。

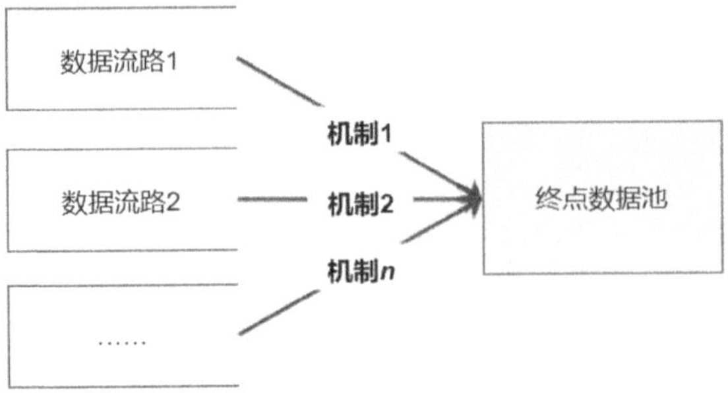

图 4-39　多来源数据被写入同一表的示意图

如果要对进入终点数据池的各个流路都加一个通用的功能或规则，就需要考虑先在终点数据池前增加一个“关卡”，这样只需在该关卡中统一进行通用功能或规则的设定即可，无需对各个支流进行分别处理，因此有利于准确性和后期扩展。举例说明如下。

> 比如要把各种收支数据写入利润表，由于各种收支数据来自不同的表或系统，具有不同的粒度和机制、不同的接入时间，因此很难整齐划一。
>
> 需求：需要在这个利润表中增加通用的数据锁定功能，实现在每月 5 号锁定上个月的利润数据的功能，不允许修改。（该场景有点像某些公司在每月 2 号之后不再处理上个月考勤数据，以便核算工资。）

如果针对各个入口逐个制定这个规则的话，显然比较麻烦，并且后面新增加的入口也要单独处理。那么怎么实现对各个入口的统一约束呢？思路如下。

（1）在数据进入利润表之前，增加一个通用的“关卡”，并对该“关卡”进行规则设定：在每月 5 号之后进入的数据，要写入下个月的记录中（详细规则略）。

（2）将所有已有的写入利润表的入口“连接”到这个通用“关卡”上，后面新增加的入口也不再直接连接利润表，而要连接这个通用“关卡”。

（3）在通用“关卡”上增加日志功能，记录数据来往情况，以备追溯。

其原理如图 4-40 所示。

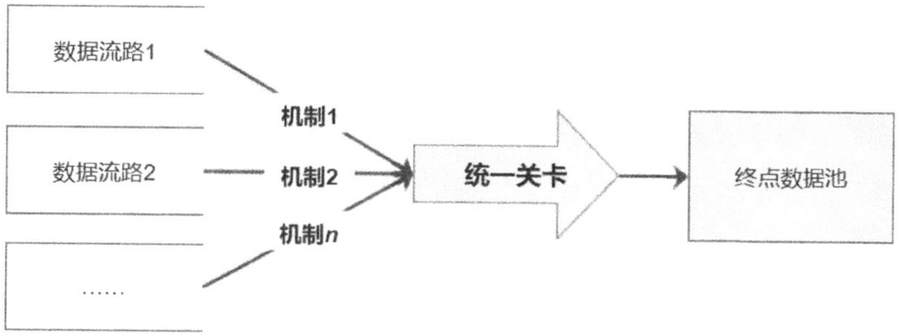

图 4-40　在统一入口前增加统一关卡进行规则控制段示意图

4.3 后端产品常见的线上问题分析

很多后端产品的需求本身就是对线上问题的修复，因此作为后端产品经理，要有判断和排查产品线上问题的能力。后端产品经理要熟悉常见的线上问题。

4.3.1 线上问题的种类和获取途径

1. 线上问题的种类

（1）功能本身的异常

这个问题是最常见的，就是功能不能实现预期的效果。比如点击“审核”按钮，界面却卡住，操作既不能成功，也不能取消。这种情况往往就是功能的 BUG，在查明原因之后需要技术人员进行修复。

（2）特殊操作导致的异常

即非正常操作导致的异常，可能是破坏性操作或者不符合业务规范的操作导致的。比如在电商后台中，一些数据是经历过刷数据（技术人员强制修改数据库）处理的，或者是线下导入的，不是正常流程生产的，可能本身就有异常，也可能在其后续的数据流转中发生异常。

这种情况的异常就不能用常规的功能逻辑去解释，只能靠猜测和后续的观察验证。

（3）无法重现的偶发性异常

有一类异常问题是偶发现象，很难归因，也无法重现。比如下面这个例子。

> 在顾客购买商品后，商品价格又发生了变动，有时会要求顾客补款，于是在编辑订单之后，系统第一次发起顾客补款请求。顾客通过第三方支付系统补了 10 元，但在收款数据未到达本系统时，系统取消了补款申请，而这 10 元仍然到了系统。接着由于商品价格又发生变化，系统又向顾客提出申请补款，导致上次的 10 元付款就自动关联到第二次补款请求上了。这时候顾客决定不买了，要求取消订单，结果业务人员发现无法执行，因为取消订单需要先取消补款，但是又无法取消补款，因为 10 元的付款单已经被关联到第二个补款请求上了……

这个案例听起来很绕口，因为这其实是一种很罕见的情况，只此一例。这种情况往往需要针对性地采取人工干涉的手段解决，比如人工与顾客交涉或强制刷入数据。

（4）服务器层面导致的异常

这种异常主要源于系统性能方面原因，比如在“双 11”时，商品订单增长过快，导致服务器宕机。这种情况通常要依赖技术手段解决。

2. 线上异常问题的获取渠道

（1）用户发现和反馈

作为直接使用者，用户每时每刻都在“测试”产品功能的各个环节。比如，在合计收支数据时，收支明细数据可能会出现错乱。比如在提交表单时，界面忽然卡住。

因此用户往往是最直接的线上异常问题发现者和最迫切的反馈者。

（2）技术人员发现

这里的技术人员是相对用户而言的，包括开发人员、测试人员和产品经理等。一般来说，技术人员发现的线上问题往往尚处于潜伏期之中，尚未暴露在用户面前。比如测试人员在测试某个功能点 A 时，连带测出了存在问题的功能点 B；产品经理在调研旧功能的时候发现该功能存在不完善或者错误，可能给后续的业务带来问题；开发人员在写代码的时候，排查到相关代码中的错误。

技术人员发现问题需要立即反馈，通知用户采取必要的防范措施，同时通过技术手段加紧处理问题。

4.3.2 线上问题处理

1. 处理线上问题的四个环节

进行线上问题处理，要基于处理者对产品本身和业务逻辑的熟悉。对于线上问题的处理，大致可以分四个环节，分别是问题定位、问题影响范围评估、快速消除影响、问题根除和复盘，如图 4-41 所示。

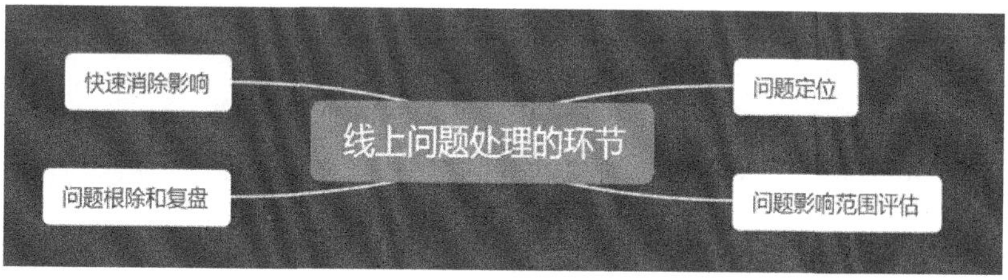

图 4-41　线上问题处理的四个环节

（1）问题定位

首先确定问题出在哪里，处于流程的哪个环节之中。具体调查对象包括：谁发现的问题、在哪些模块中发现的、怎么发现的、当时是什么环境、处在哪个流程环节中、此后进行了哪些操作等。

然后根据指引，来到页面出问题的地方，利用自己对系统的了解、以往经验和当前观察到的规律，逐步确定问题。在这个过程中，我们可以借助鱼骨图进行分析，鱼骨图如图 4-42 所示。

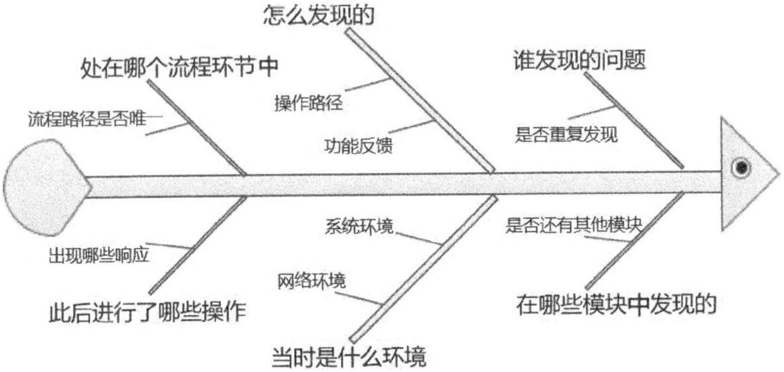

图 4-42　鱼骨图分析方法示意图

（2）评估影响范围

影响范围的大小决定了问题的紧急程度和处理的优先级。可以从以下方面评估影响范围。

①影响的对象。是内部业务人员受影响，还是外部顾客或者合作伙伴受影响？如果对外部顾客或者合作伙伴产生了影响，那么紧急程度自然就会更高。问题是否影响了周边系统？如果是，那么就要及时提醒周边系统，快速成立联合解决方案小组。

②影响的方式。是时间上的浪费、资金损失，还是数据的遗失？数据的遗失一般是不可逆转的，因此在这种情况下，问题更加紧急。

③影响的大小。是否影响到主流程的继续运转？如果没有，那就可以有相对充裕的时间进行调研。是否必须修复功能才能满足业务需求？例如页面的数据导出功能出

问题，用户无法导出数据，那么可以直接从数据库中导出数据并提供给用户，在这种情况下，主流程不受影响。

（3）快速消除影响

一般来讲，线上问题的短期解决方案就是先帮助业务用户处理异常，消除当前影响。如果某功能一直在生产错误数据，那么就要先停掉该功能，待该功能被修复后，由开发人员写代码补充停滞阶段的数据。如果只是具体的数据缺失或者错误，且不再产生异常数据，则先由开发人员在数据库中修改数据，或者手动令该功能重新运行，让流程走下去，在不影响业务生产的情况下，再进行长期方案的处理。

（4）问题根除和问题复盘

问题暴露的同时也是优化或修复系统的契机，因此要从定位问题开始，找到原因并解决。具体步骤包括：定位问题、感知原因、提出假说、收集数据并测试验证、落实结论、制定方案、实施方案、跟进复盘。

2. 线上问题处理方法

处理不同类型的线上问题一般需要使用不同的处理方法，笔者简单列举如下几种。

（1）数据异常的处理方法

数据异常的发生多是源于业务用户发现报表数据不准确。通常，业务用户是在结果端发现问题的，因此需要逆向追根溯源。

第一步，查清楚这个值的获取方式。要确定其是来自其他系统的传输、从中间值运算得到的，还是从基础信息继承来的。一般来说，如果数据接收不到，多是发送方的问题，发送方先查一下发送日志。这就是一个追溯的工作，即明确取值方式。

第二步，验证一下这个值是在取值方式的哪个环节中开始出错的。比如运费按照摊分规则，分到商品上面的金额出现错误，那就让开发人员协助，在本地重新跑一下程序，看原始数据在本地新跑出金额是否还是错误的。如果跑出来的数据是正确的（和业务用户实际期望的一样），那就说明功能本身是正确的，这个错误数据可能是受到某种干扰导致的，比如被人为修改过；如果新跑出来的数据依旧是错误的（和业务用户实际期望的不一样），那就说明可能功能本身不正确。线上的功能都是线下业务模式的抽象化，因此就需要重新与业务用户沟通这个功能的逻辑规则。

（2）界面显示异常的处理方法

界面显示异常，就是整个网站的全部或部分页面、页面元素，未按照预期显示甚至显示错误。

首先，从最简单的排查开始，确认是否使用了正确的网站地址和登录账号，确认其他用户是否也面临相似的问题。

其次，尝试重新加载页面。重新加载，或者清除缓存，或者重新退出登录。

再次，检查用户的权限。如果用户有页面权限，那么还要看系统权限机制。有时候要结合业务来看用户角色权限，比如只有“财务专员”才能看财务报表。此外还有可能需要看商品种类权限、事业部权限、销售账号权限、网站权限等，只有用户都拥有这些权限，才能看得到相应内容。

最后，换一台电脑，或者远程协助用户处理。

（3）功能性异常的处理方法

如果是功能性异常，则需要集中更多资源参与处理。相对前两种类型，功能性异常的情况一般更加复杂。导致这种情况的原因很多，比如功能不能兼顾一些场景、功能本身代码问题、功能的实现机制不对，以及业务的新范围超出了原有的功能范围等。

在进行假设推断的时候可以采用归纳或演绎的方式。采用归纳方式，就是根据个案进行总结；采用演绎方式，就是根据模型进行推演。一般要根据业务用户的描述，采取测试重现问题的办法锁定问题，相当于重新复盘现在的功能与业务用户的预期之间的差异，然后进行修复。

4.3.3 线上问题案例分析

为了更具体地了解线上问题及其处理方式，笔者举几个工作中的线上问题案例。

（1）案例一：业务反馈数据运算不准确

在数据库中有一个“优惠券”基础数据表，系统对该优惠券数据进行运算处理，然后写入另一个最终表中。最终表的内容是在页面上展示的，但该“优惠券”基础数据表未做页面展示。业务用户对该数据写入最终表的准确性怀有疑虑，经常要求技术人员协助澄清，浪费人力物力。

方案：将“优惠券”基础数据表也展示在页面上，供业务用户亲自核对。

分析：我们知道，若两处数据取值于同一表且未经过运算的话，是不会导致取值结果差异的情况。现在的情况是，优惠券的基础数据是经过运算后才在页面上展示最终结果的，这里的运算处理包括筛选、分摊、汇率计算等。因此，将运算前、后的数据都展示出来，就可以方便业务用户亲自核对数据是否存在异常。

总结：如果数据异常的问题频发，建议在页面上形成对比，让用户亲自参与检验。

（2）案例二：通过推测可能原因来解释异常数据来源

在系统中，数据的流转路径是从 A 表到 B 表，且 A 表中只有类型为 1 的数据才被写入 B 表，但是业务用户发现 A 表中部分类型不为 1 的数据也被写入了 B 表。

分析：经过进一步调查发现，该条异常数据在 A 表中的修改时间与创建时间不同，说明被更新过，而其被写入 B 表的时间是在前面的这两个时间之间。由此可以推测出：最初该数据在 A 表中的类型为 1，因此被写入 B 表，后来该数据在 A 表中的类型被修改为 2（可能是直接或间接引起的变动），但是流程不可逆，所以出现了这种异常状况。

总结：一些莫名其妙的数据问题可能是数据特殊处理导致的，在这些情况下，正向思维是解决不了问题的。产品经理在分析的时候需要大胆推测，小心验证，给出解释，并给出解决方案。

（3）案例三：用反例逆推以判定问题发生位置

> 前任产品经理做出的一个自动功能，用来让拒签的订单自动创建售后信息。用户反馈，其中很多数据总被遗漏，不能如期创建售后信息。

分析：根据用户提供的未能自动创建售后信息的拒签订单，结合创建规则进行模拟，确定这些未创建售后的订单卡在了一个校验环节中，将该校验环节的逻辑规则进行分析和论证，最终确定这是一个画蛇添足的环节，于是去除了该校验环节。

总结：以异常问题作为功能优化的切入点往往很有效，因为有时候业务用户也说不清自己的数据有哪些特质，所以只能把未满足的数据拿出来进行逆向推理，针对性地完善方案。

（4）案例四：不能使用管理员身份测试普通用户的功能

> 需求在方案设计、研发、测试等环节中都没发现问题，但是在上线后，业务用户发现点击按钮后既不能操作成功，也不提示失败，如图 4-43 所示。

图 4-43　点击按钮后，界面始终处于处理中的状态

分析：首先检查用户权限，其次检测功能代码，都没有发现问题，最后检测页面元素配置，发现按钮的权限配置错误，导致匹配给用户的功能权限错误，也就是说，用户根本没有操作该页面按钮的权限，给用户开通的权限并非指向目标功能。那么为什么测试人员之前没测出来呢？因为测试人员是使用管理员权限进行测试的。对于一般后端产品，管理员拥有“上帝”权限，不管是否配置了权限，管理员都可以执行任意操作。

总结：在分析线上 BUG 或者测试功能时，一定要注意不要使用系统管理员身份，而应当切换到业务用户角色进行验证，否则就没法发现用户角度的问题。

4.4 本章小结

本章以“游刃有余”为标题，首先讲解了后端产品经理日常工作中典型的界面和交互方案，包括基础页面整体搭建（如版面的选择等）、通用插件（如穿梭器等）、常用的交互规范（如列表的交互自查等）、功能页面或交互实例分析等；接着讲解了典型的后端产品功能模块，比如规则配置功能、搜索功能等，以此提升产品经理面对需求触类旁通的能力；最后还讲解了线上问题判断、处理的技巧，以此提升产品经理在需求处理之外，面对其他常见问题的解决能力。

后端产品经理的入门很简单，但要做到胸有成竹、游刃有余，还需要长期的知识积累和经验总结。

第 5 章

博观约取——后端产品经理的加分项

前面章节介绍了后端产品技术方面的常识、需求处理相关环节，以及其他提升工作熟练程度的方法等。在本章中，笔者讲解一下可以作为后端产品经理加分项的辅助技能或能力，以期博观约取，更好地为产品赋能。

5.1 项目管理

5.1.1 项目管理及其作用

1. 项目和项目管理的概念

（1）项目

根据美国 PMI（项目管理协会）的定义，项目是指一系列独特的、复杂的、相互关联的活动，这些活动有着一个明确的目标或目的，且必须在特定的时间、预算、资源限定内依据规范完成。也就是说，项目具有独特性、不重复性、临时性、多变性，同时具有商业价值和一定的背景。

（2）项目管理

根据 PMI 的定义，项目管理就是指在项目活动中运用专门的知识、技能、工具和方法，使项目能够在有限资源限定条件下，实现达成或超出设定的需求和期望的过程。

项目管理有五个过程：启动、规划、实施、监控、收尾。这五个过程也被称为项目管理生命周期的五个阶段，如图 5-1 所示。

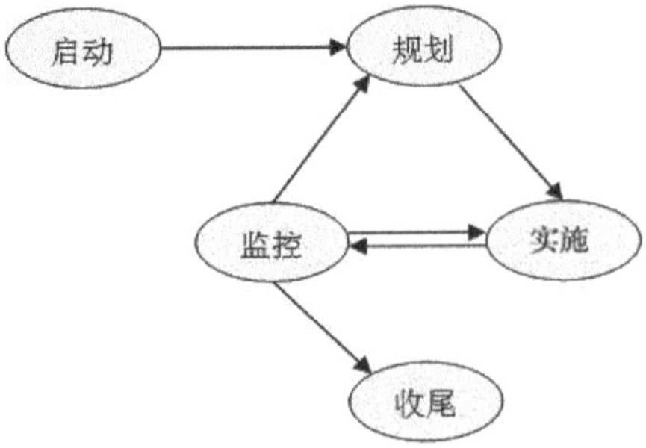

图 5-1　项目管理的生命周期

2. 互联网产品的项目管理

互联网产品从提出概念到完美实现，往往要经历多次版本迭代。这些迭代往往包含多方人力、物资、时间等因素的协作和调度，具有复杂性、独特性，充满未知风险，但同时也具有普遍的规律性。互联网产品的实现，往往都是以项目管理的方式进行的。

作为产品经理，往往要协助项目经理进行项目管控，甚至承担部分或全部项目管理的工作。

3. 互联网产品项目管理的作用

在互联网行业中，项目管理的作用包括但不限于如下。

（1）确定与产品研发生命周期相匹配的管理模式

针对互联网行业而言，产品研发生命周期主要包括：预测型生命周期、迭代和增量型生命周期、适应型生命周期等类型。

预测型生命周期的代表就是"瀑布式开发"，适用于较为成熟的、规模较大的产品；迭代和增量型生命周期适合内容复杂的、目标和范围不断变化的产品；适应型生命周期（采用变化驱动方法或敏捷方法）适用于需求和范围难以确定的、会有较多变更的产品。目前大多数互联网产品都是采用适应型生命周期，敏捷开发（Scrum）是其典型代表，特点就是“快速迭代”“小步快跑”。敏捷开发流程如图 5-2 所示。

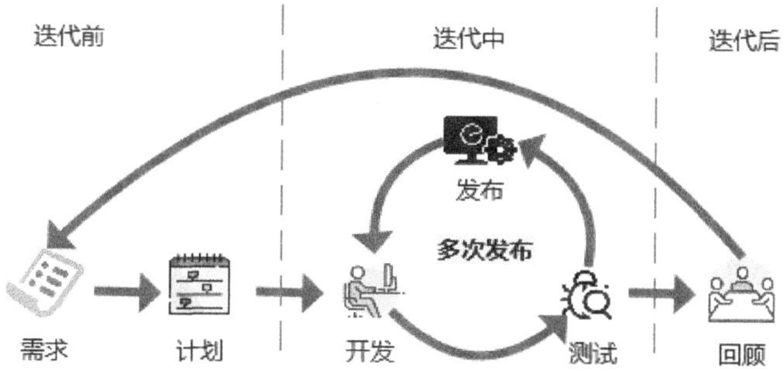

图 5-2 敏捷型开发流程图

产品研发生命周期往往需要与企业或产品的发展战略相匹配，在不同的产品发展阶段，产品研发生命周期也可能会发生调整。项目管理就是要针对产品研发生命周期，制定相应的管理方式和基调，在研发节奏、资源调度等方面进行步调一致的协助和支持。

（2）让所有人同心协力有方向

有时候，导致项目延期甚至流产的原因可能不是因为团队能力不够，而是因为人员的凝聚力不够。在项目的各个成员均已就位的情况下，调动大家的工作意愿至关重要。项目管理的重要作用之一，就是组织人员齐心协力做事情，比如激励团队成员，告知如果完成项目可以积累经验、提升能力、获取奖励、升职加薪等，以提升团队成员的心理期望，促使大家同心协力、方向一致。

（3）有条不紊地推进复杂任务

如果同时追两只兔子，那么两只兔子都会跑掉，但如果给兔子绑定了 GPS，那么就算 10 只甚至更多只跑掉，追到它们也不会太困难。项目管理就是给这些“兔子”绑上“GPS”，并组织团队去追。面对复杂任务，项目管理通过整合任务、分解工作包、分配工作包、指定负责人、跟进验收等环节，形成循环的管控链条，将复杂任务有条不紊地完成。项目管理循环的管控链条如图 5-3 所示。

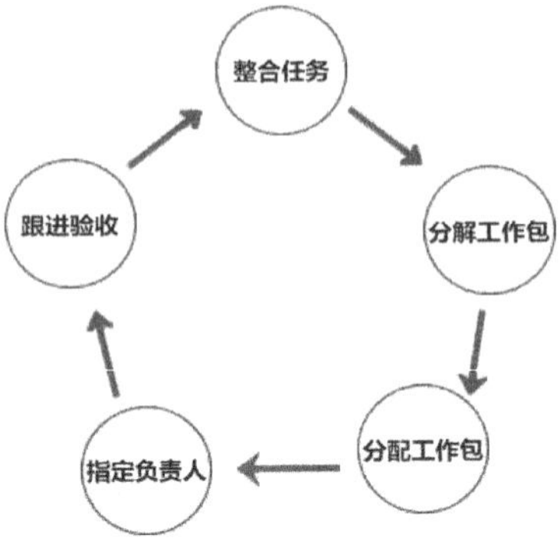

图 5-3　项目管理循环的管控链条示意图

（4）统一团队规范和认知，实现信息共享

团队的组成人员可能来自不同领域，大家的知识结构不同，对事物的认知和理解程度也不尽相同的。比如“业务”这个词，技术人员通常想到的是一个流程，运营人员会认为这是要处理的事务，产品经理想到的是提需求的业务人员。若要改善这种情况，就要制定一份通用的规范，定义术语、示例、范围等。此外，项目管理还要制定工作规范、汇报机制、奖惩机制、例会规范、文档规范等。

实现信息共享是高效协作的前提。试想，你要做一件事情，而大家事先都不知道，等到突然宣布时，所有人都会感到突兀，因为毫无准备，甚至可能会抵触。将信息共享可以增加大家对事件的认可，增强主人翁意识，提高积极性和参与度。在项目管理过程中，可以通过站立会、周会、共享文档、知识库、协同软件等进行信息共享。

（5）确保项目按时完工

宽松的工作环境有利于大家开发创造性思维，但也容易让人养成散漫的工作习惯，因此项目经理要时时询问项目进度，最基础的方法就是“一日三催”。当然这个过程也是最容易发生矛盾的，需要发挥自己的职业水准，掌握好方式。

此外，项目管理可以通过评估工作速度，预测剩余的资源和时间是否够用，从而提前发现延期风险。一旦认为可能发生项目延误，就要向上级汇报，通过增加人手或加班等方式来避免。

（6）输出项目类文档

在不同的项目阶段，项目类文档的具体形式或内容有所不同，比如其在立项阶段可称为“立项报告”，在结项阶段可称为“结项报告”，此外还包括甘特图、里程碑报告等。

输出项目类文档的目的，是对整个项目的目标以及进展情况进行总结和梳理。项目类文档从项目一开始便须创建，并存在于整个项目周期中，为项目提供知识库并归档备调。

5.1.2 项目管理的工具与技术

PMI 的项目管理知识体系提供了很多有用的工具与技术，这些工具与技术不仅对项目管理的帮助很大，对产品工作也大有裨益。本节结合产品的工作流程，对项目管理中的部分工具与技术做简单的说明。

1. 产品立项阶段的工具与技术

在产品立项阶段，产品经理主要通过市场调研、PEST 分析、SWOT 分析，来考查市场的可行性；通过机会成本分析、决策树分析、净现值的计算等，找到选择最优项目的依据；通过投资回收期分析、货币时间价值分析、盈亏平衡点分析等，来计算利润回收周期。下面笔者对其中一些常用的或者不易理解的术语做一下解释。

（1）SWOT 分析：也叫态势分析，即优势、劣势、机会和威胁四方面的分析。如果优势大于劣势、机会大于威胁，那么这件事基本上就是可行的。

（2）决策树分析：用方案分枝代表可供选择的方案，用百分数代表预期结果的出现概率，经过对各种方案在各种结果条件下损益值的计算比较，为决策者提供依据。决策树如图 5-4 所示。

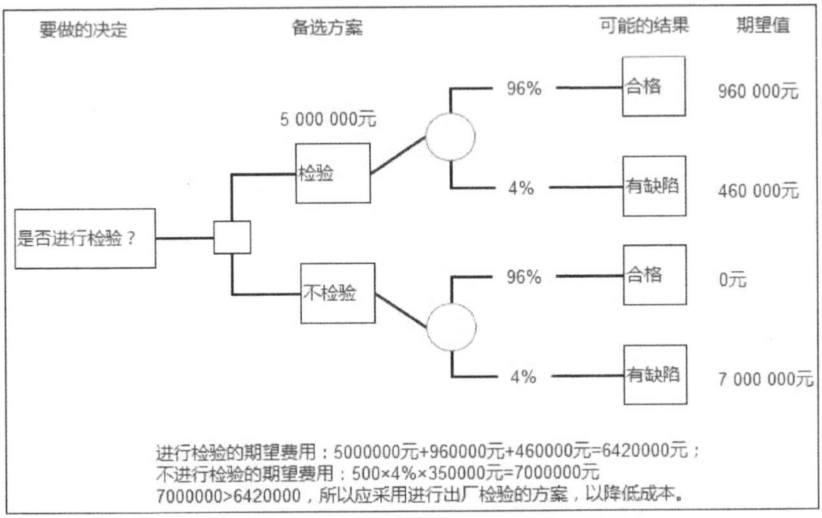

图 5-4　决策树分析示意图

（3）机会成本分析：即抓住一个机会而放弃另一些机会的时候，被放弃的机会中价值最大的那一个机会可以带来的收益。

（4）净现值分析：净现值指未来资金（现金）流入（收入）现值与未来资金（现金）流出（支出）现值的差额。通过分析，项目的净现值越大越值得做。

（5）投资回收期分析：项目投产后获得的收益总额达到投资总额所需要的时间。通过分析，项目的投资回收期越短越值得做。

2. 调研需求和确认需求阶段的工具与技术

在调研需求阶段，产品经理可以通过问卷调查、访谈、头脑风暴法、德尔菲法、观察法，完成用户需求的收集工作；通过亲和图、提示清单等，整合需求信息。下面笔者对其中一些常用的或者不易理解的术语做一下解释。

（1）德尔菲法：也称“背靠背”专家调查法，就是让被调查的各方彼此之间不看对方的意见，独立完成调查，确保调查到的信息更具真实性、独立性和代表性，不受干扰，价值更高。

（2）亲和图：亲和图是把大量收集到的事实、意见或构思等语言资料，按其相互亲和性（相近性）归纳整理，使问题明确起来，求得统一认识和协调工作，以利于问题解决的一种方法。其类似于归纳分类方法。

3. 完成需求方案阶段的工具与技术

以调研到的信息为基础，产品经理通过竞品分析、标杆对照等，协助进行方案设计；使用流程图、思维导图，并结合书面沟通 5C 原则输出需求文档。下面笔者对其中一些常用的或者不易理解的术语做一下解释。

（1）标杆对照：选择一款产品作为方案的参考对象，其可以是竞争对手的一流产品，也可以是跨领域的产品。

（2）书面沟通 5C 原则：该原则为产品经理书写说明文提供了一个参考标准。其主要包括：正确的语法和拼写、简洁的标书且无多余字、清晰的目的适合阅读、连贯的逻辑思维、受控的语句和想法承接。

4. 需求评审和项目排期阶段的工具与技术

在需求评审之前，产品经理通过权力/利益方格、相关方参与度评估矩阵等工具，确认关键相关方（包括领导、发起人、用户代表等），并请求其参与评审。在需求评审之后，产品经理创建 WBS（Work Breakdown Structure，即工作分解结构）。在团队人员到位后，产品经理制定资源日历、职责分配矩阵（RACI），并制做项目进度网络图。下面笔者对其中一些常用的或者不易理解的术语做一下解释。

（1）权力/利益方格：以“权力”“利益”维度，将干系人划分到不同的方格中，进行有针对性的干系人管理。权力/利益方格如图 5-5 所示。

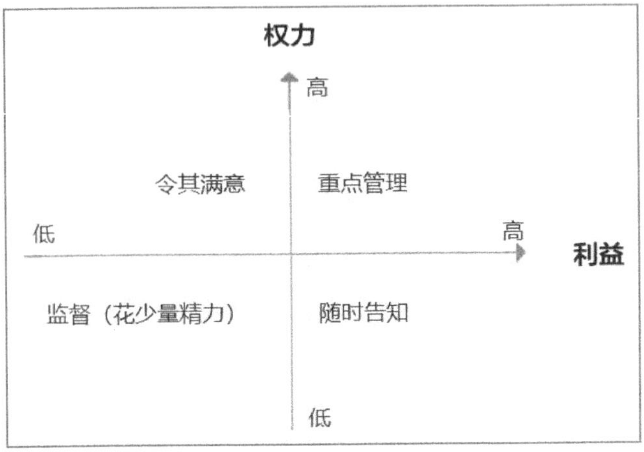

图 5-5　权力/利益方格示意图

（2）创建 WBS：就是将需求分解为一个个小工作包，一般分 5 层，确保需求无遗漏。在互联网领域的实际工作中，一般将需求点分到最小，到逻辑上不能再分为止。其可以作为开发和测试阶段验收的粒度参考，以减少遗漏。

（3）资源日历：规定了项目实施期间确定的团队和实物资源何时可用、可用多久。这些信息可以在活动或项目层面建立，应考虑诸如资源经验或技能水平以及不同地理位置等属性。

（4）职责分配矩阵：即 RACI，就是角色在项目中的责任关系矩阵。

R（Responsible）为执行人，即实际干活的人；A（Accountable/Approve）为负责人；C（Consulting）为顾问，即专家团；I（Inform）为知情人，例如邮件中的抄送对象。一件事情通常只能有一个“A”。RACI 的示意图如图 5-6 所示。

职责	人员				
活动	小张	小李	小刘	小王	小赵
定义	A	R	I	I	I
设计	I	A	R	C	C
开发	I	A	R	C	C
测试	A	I	I	R	I

图 5-6　RACI 的示意图

（5）进度网络图：按照事件之间的逻辑关系和时间长度排列出的进度图，主要用来描述任务之间的关系。进度网络图如图 5-7 所示。

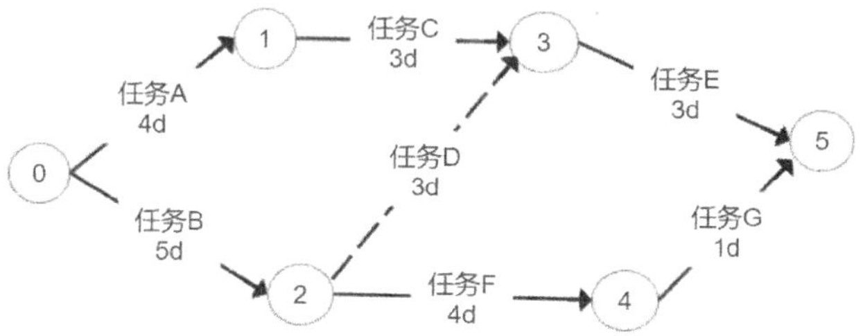

图 5-7　进度网络图示意图

5. 团队磨合和项目监控阶段的工具与技术

产品经理应了解团队一般成长规律曲线（B-T 模型），使团队尽快进入规范期；处理团队内部的冲突，要掌握冲突管理的 5 种方法；在需求跟进过程中要杜绝“需求蔓延”和“镀金”行为；在发生需求变更时，要执行整体变更控制流程；在项目过程中，可以通过站立会、甘特图、燃尽图等进行进度跟进。下面笔者对其中一些常用的或者不易理解的术语做一下解释。

（1）团队一般成长规律曲线（B-T 模型）：描述了团队发展的 5 个阶段，包括形成阶段、震荡阶段、规范阶段、成熟阶段、解散阶段。5 个阶段都是必要的、不可逾越的。B-T 模型如图 5-8 所示。

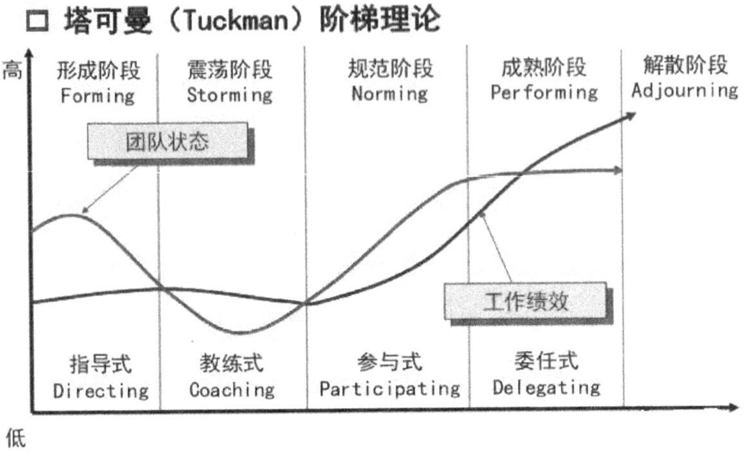

图 5-8　B-T 模型示意图

（2）冲突管理的 5 种方法：合作/解决、妥协/调节、缓解/包容、撤退/回避、强迫/命令。

其中合作/解决是最好的方法；妥协/调节是一种双方让步的方法；缓解/包容强调求同存异，回避了冲突的根源，让大家都冷静下来，先把工作做完；撤退/回避就是把眼前的或潜在的冲突搁置起来，从实际或潜在冲突中退出；强迫/命令是以牺牲其他方为代价，推行某一方的观点。在团队管理中要争取使用“双赢”的解决办法。

（3）“镀金”：就是实现业务没有要求的需求点。虽然在短时间内可以讨好需求方，但是这样做是不可取的，因为会引入新风险，甚至增加不可控的成本和进度风险。

（4）整体变更控制流程：所有的变更都要走流程、存档并严格确认，必要时要成立变更控制委员会（CCB），其目的就是避免项目渐变导致的失控。整体变更控制流程如图 5-9 所示。

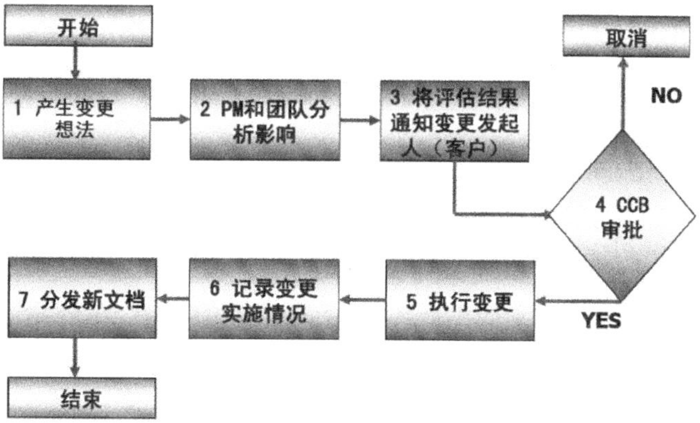

图 5-9　整体变更控制流程示意图

（5）燃尽图：向项目组成员和企业管理者提供工作进展的一个公共视图。燃尽图有一个横轴（日期）和一个纵轴（任务量）。在理想情况下，该图是一个下行的曲线，随着剩余工作的完成，任务量“烧尽”至 0 点。燃尽图如图 5-10 所示。

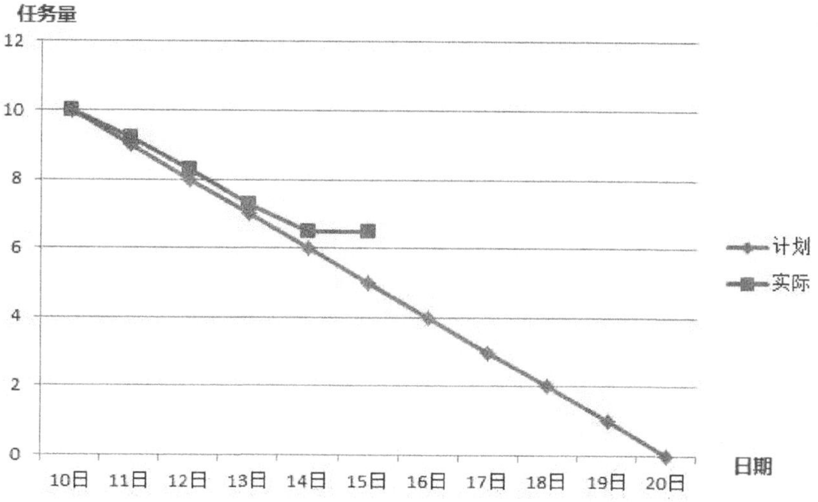

图 5-10　燃尽图示意图

（6）燃烧图：其与燃尽图相反，是指任务完成的情况，因此从零开始，曲线上行，任务量最终升到 100%。

6. 预估项目进度和应对延期的工具和技术

产品经理可以使用挣值分析进行项目延期风险的预估；通过关键路径法，找到最可能导致项目延期的路径；对于发现有延期风险的项目，可以使用资源平衡、资源平滑、进度压缩等方式进行挽救。下面笔者对其中一些常用的或者不易理解的术语做一下解释。

（1）挣值分析：主要用于项目成本和进度的监控。挣值分析的三个基本参数是：计划值（PV）、实际成本（AC）和挣值（EV）。四个评价指标包括：进度偏差（SV）、成本偏差（CV）、成本执行指标（CPI）和进度执行指标（SPI）。其具体含义如下。

PV：计划值，在即定时间点之前计划完成活动或WBS组件工作的预算成本。

AC：实际成本，在即定时间段内完成工作所发生的实际总成本。

EV：挣值，在即定时间段内实际完成工作的预算成本。

进度偏差SV＝EV－PV。当SV>0时，进度超前；当SV<0时，进度落后。

成本偏差CV＝EV－AC。当CV>0时，成本节约；当CV<0时，成本超支。

进度绩效指数SPI＝EV/PV。当SPI>1时，进度超前；当SPI<1时，进度落后。

成本绩效指数CPI＝EV/AC。当CPI<1时，成本超支，资金使用效率低。

（2）关键路径法：就是以一定的方法对项目关键路径进行分析。关键路径是项目进度网络图中总工期最长的一条或几条路径。在关键路径上的任何活动的推迟都将使整个项目推迟。关键路径越多，项目风险越大。分析关键路径可以为压缩进度提供一个指南，帮助确定需要重点关注的问题等。项目经理应向关键路径要时间，向非关键路径要资源。随着项目的进展，关键路径是会发生变化的，因此关键路径分析也是一个动态过程。

（3）资源平衡和资源平滑：资源平衡是根据资源制约因素对某些活动进行调整并将其资源调整到关键路径上的一项技术，因此可能导致关键路径改变甚至项目延期；资源平滑是为了让项目资源需求不超过预定的资源限制，而对进度活动进行调整的一种技术，因此资源平滑的前提是不改变关键路径的长度，然后缓解资源的超负荷问题。二者对比如表 5-1 所示。

表 5-1　资源平衡和资源平滑对比

	资源平衡	资源平滑
对关键路径的影响	有影响（通常是延长）	无影响
方法	将非关键路径上的资源借调到关键路径上，保证关键路径上的时间进度。但是可能因为借调太多而导致关键路径发生改变	将非关键路径上的活动推迟或提前，让资源负荷保持在一个平稳或波动较小的水平，不会导致关键路径发生改变
目的	解决关键路径上的资源不足	解决资源负荷忽高忽低的问题
使用时间点	一般在使用关键路径法之后，在资源平滑之前开展	一般在做了资源平衡之后开展

（4）进度压缩：进度压缩是在不改变项目范围的前提下缩短项目进度的行为。其主要方式有两个：赶工和快速跟进。赶工就是加班，快速跟进就是将一般情况下顺序执行的多项活动改为平行进行。

7. 测试阶段的工具与技术

测试属于质量管理范畴，常见的质量管理理念如戴明循环（PDCA 循环）持续改进理念、克劳斯比的一次性把事情做对、朱兰的质量与等级、墨菲定律等。下面笔者对其中一些常用的或者不易理解的术语做一下解释。

（1）PDCA 循环：其是由美国质量管理专家戴明博士首先提出的，所以又被称为戴明循环，如图 5-11 所示。

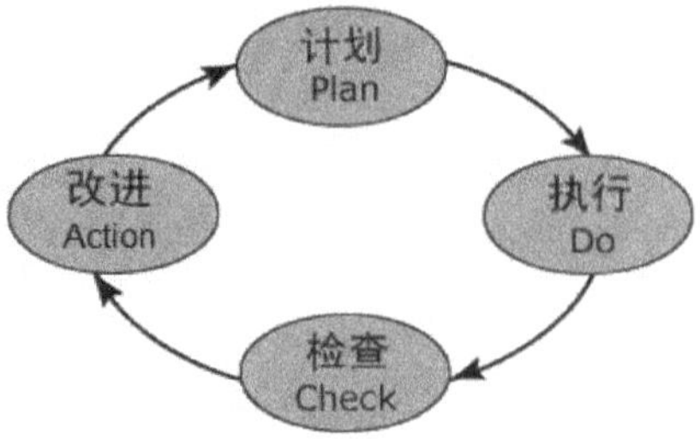

图 5-11　戴明循环示意图

PDCA 循环的含义是将质量管理分为四个阶段，即计划（Plan）、执行（Do）、检查（Check）、改进（Action）。

（2）质量与等级：朱兰（Joseph Juran，质量管理专家）认为，质量是对产品属性的满足程度，等级是产品的工艺定位。不同的产品，等级可以不同，但不管什么等级，产品的质量都一定要达标，这是产品的基本素质。因此即使对于最简单的需求，也要确保做好。

（3）墨菲定律：即凡是可能出错的事一定会出错。可以引申为“所有的程序都有缺陷”，或“若缺陷有很多个可能性，则它必然会朝令情况最坏的方向发展”。比如，当你担心输入框会被人输入不符合的内容时，那么就一定会有人这么做。产品经理和测试工程师一定要考虑这个问题。

8. 异常问题分析的工具与技术

异常问题分析，可以使用鱼骨图、帕累托图、根本原因分析法、敏感性分析法等工具。下面笔者对其中一些常用的或者不易理解的术语做一下解释。

（1）帕累托图： 帕累托法则往往被称为“二八原理”，即“百分之八十的问题是由百分之二十的原因所造成的”，而帕累托图在项目管理中主要用来找出产生大多数问题的关键原因，用来解决大多数问题。帕累托图的示意图如图 5-12 所示。

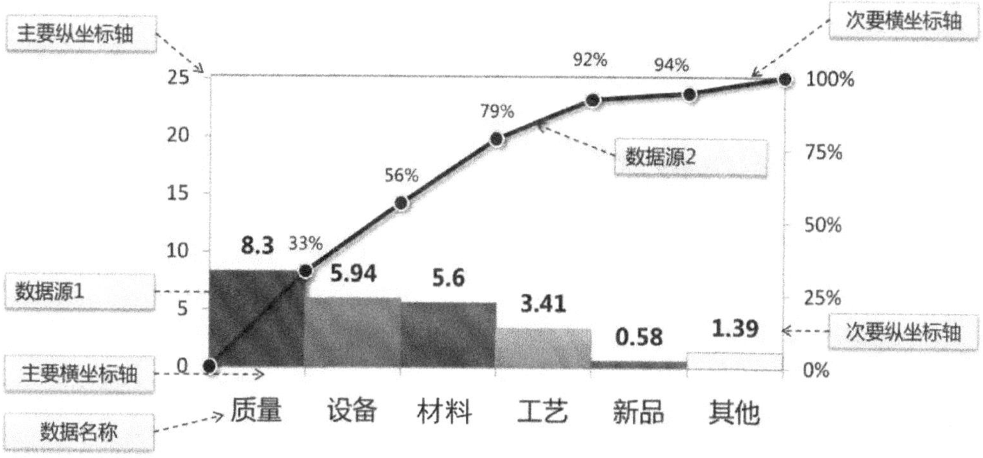

图 5-12　帕累托图的示意图

（2）鱼骨图：对称因果图，常用于因果分析，它看上去有些像鱼骨架，可将问题或缺陷（即后果）标在“鱼头”处，将可能的原因按照出现机会的多寡列在鱼骨、鱼刺上。鱼骨图有助于穷尽各种原因，并说明各个原因之间是如何相互影响的。

9. 沟通的技能与技巧

一个项目经理 90%的时间用在沟通上。因此要了解积极倾听 9C 原则、非语言沟通、近体学、梅拉宾法则等。下面笔者对其中一些常用的或者不易理解的术语做一下解释。

（1）近体学：沟通双方的距离和姿势是一种潜在的语言，会影响沟通效果。

①姿势

面对面表示我们不是同一阵营，斜对面表示我支持你，肩并肩表示我们是战友。沟通中的姿势近体学如图 5-13 所示。

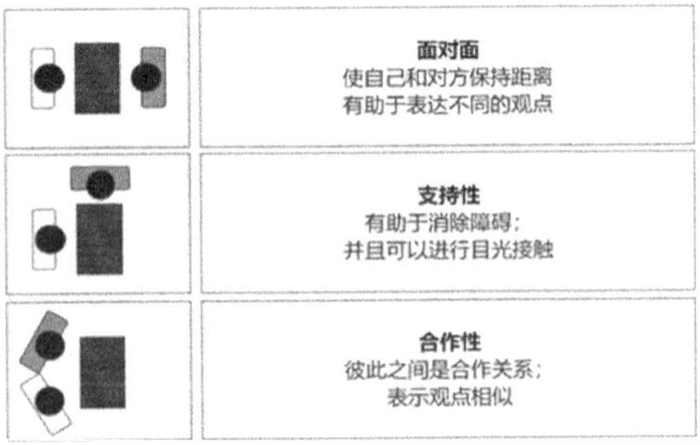

图 5-13　沟通中的姿势近体学示意图

②距离

亲密距离（0～4 厘米）是高度私密的距离，是非正式的，只有夫妻、情侣、父母与孩子以及知己密友才能如此亲近；个人距离（44～122 厘米）是在非正式场合下朋友和熟人之间交谈、聚会的适当距离；社交距离（1.2～3.7 米）适合正式社交场合，双方沟通没有任何私人感情的色彩，需要更清楚的口头语言和充分的目光接触。

（2）梅拉宾法则：梅拉宾法则指出，人际沟通由“7%文字+38%语气语调+55%非语言信息（动作神态等）”组成，该法则也被称为“73855 法则”。该法则表明，在沟通中，尤其在情绪化的信息沟通中，积极使用文字以外的信息传递方式，可以更有效地达到沟通目的。因此从沟通效果上看，打电话胜过打字，面对面聊天胜过视频聊天。

5.2 数据分析

作为后端产品经理，掌握一定的数据分析能力，可以帮助你更好地运用数据，判断、预测产品趋势，帮助进行问题分析和方案设计，提升工作效率。

5.2.1 数据分析的概念

1. 数据分析

数据分析就是用合适的统计分析方法，对采集到的大量数据进行提取、处理、分析，最终形成结论，用以解释现象、指导实践、提供预测等。

传统的数据分析相当于数据统计分析。在互联网时代里，数据分析与计算机科学相结合，逐渐发展成为一门新学科，扩大了数据的范围、增加了获取的途径、提高了运算的速度、增加了分析的深度、扩展了应用的领域等。

2. 数据分析的应用

数据分析的应用主要体现在两个方面：一方面基于数据本身，输出分析报告，用来辅助、预测、指导产品或运营；另一方面以数据类产品的形式展现。

（1）输出数据分析报告

数据分析报告可以分为描述性数据分析报告、数理统计分析报告和数据挖掘分析报告。

① 描述性数据分析报告：其分析手段最基础，用于直观的对比或显示。比如我们平时说的"这个月的平均访问量是多少""环比增长了多少""用户平均付费是多少"等都属于这一类。

② 数理统计分析报告：涉及较多的数学知识（数理统计、概率论、微积分等）。比如优惠的价格为 X，销售额为 Y，这两者之间可能存在 $Y=9(X+a)\times b$ 这样的函数关系式，可以尝试找出这样的函数关系，来指导活动的运营等工作。

③ 数据挖掘分析报告：就是利用算法从数据中寻找深层次的规律。该方法使用了更多的软件与技术，搜集更丰富的数据，并按照一定的步骤进行建模运算，最后得

到的是可以指导生产的数据报告。这类数据分析的应用前景更广阔，比如大数据计算、机器学习、人工智能等。

（2）输出数据产品

简单来说，数据产品就是能提供数据服务或者以数据作为支撑的产品。我们经常用的芝麻信用、百度指数等就是数据产品。公司内部使用的风控预警系统、数据决策系统等也是数据产品。

5.2.2 数据分析的主要环节

数据分析主要有 6 个关键环节：前期准备、数据获取、数据清洗、迁入数据仓库、数据分析、输出结果，如图 5-14 所示。

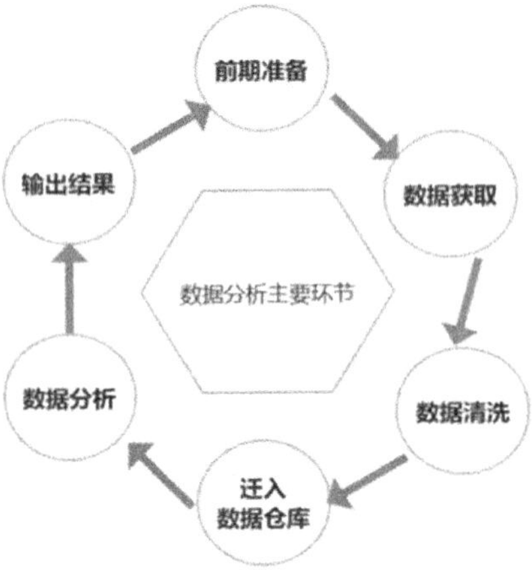

图 5-14 数据分析流程的 6 个关键环节

1. 前期准备：明确目的并制定指标

（1）明确数据分析目的

① 为什么要做数据分析：即要明白是希望通过数据分析发现问题，还是希望提

升某个业务指标。只有了解了需求目的，才能制定更合理的数据分析思路。

② 数据分析结果给谁看：如果其是在企业内部使用的，用户通常会通过运用数据分析的结果，协助制定不同策略来提升企业某些指标，要解决的是如何通过数据分析形成有效的决策；如果其是给外部客户使用的，客户通常希望通过自己企业的数据实现价值变现，形成对外的数据分析输出，给企业带来收益，同时满足外部用户的需求。

③ 使用场景：包括数据产生的场景和分析结果的运用场景。要根据场景去定义问题，梳理数据分析的思路，选择数据分析的方法。

（2）制定数据分析的指标

指标的核心意义是它让业务目标可描述、可度量、可拆解。数据分析的需求本身，其实就是定义指标，把指标和规则定义清晰，很大程度决定了研发的周期的长短，避免因为产品经理没有想好，造成在开发过程中反复沟通、确认，导致数据获取的成本异常大。

通常我们讲的指标是指将业务单元细分后量化的度量值，比如 DAU、订单数、金额等。

2. 数据获取

数据获取的核心就是“全”和“细”，因此理论上要对客户端、服务器、数据库的数据，甚至第三方外部数据进行采集，同时还要记录相关维度。数据获取大体上可以分为内部数据采集和外部数据收采集两部分。

（1）内部数据采集

① 直接读取数据库

在获取数据库数据的时候，可以使用数据库的语法，直接将数据转移到数据仓库

（后面会讲到数据仓库）。数据库的数据可以来自线上常规业务产生的“原生数据”，也可以是专门为数据分析而创造的“次生数据”，比如通过“埋点”监控到的数据。

② 通过辅助工具获取

这种方式针对的是数据库中没有现成数据的情况。这时候可以通过辅助手段进行数据的获取和转移，比如从相关的页面爬取数据，或者导入线下的数据。

③ 自己搭建数据平台

数据平台是一个集数据计入、数据处理、数据存储、查询检索、分析挖掘等为一体的综合服务体系，一般只有有实力的公司才会自己搭建数据平台。

（2）外部数据获取

外部数据往往可以作为内部数据的补充。

第三方平台的数据有两种获取方式。第一种方式：平台掌握的数据刚好是我们需要的，就可以通过购买等方式获取并使用。优秀数据源有：国家数据、搜数网、中国统计信息网等。第二种方式：使用第三方的数据平台提供的数据获取工具，为我们提供指定资源中的数据。比如接入商业化的数据合作平台，可以统计到自己公司的网站流量来源、日活跃用户等数据。

3. 数据清洗

采集到的数据由于来源不同、采集方式不同，时间、维度、真实性等往往存在异常，因此不能直接用于模型分析，而要先进行预处理，也就是数据清洗。主要从数据的准确性、完整性、一致性、唯一性、适时性、有效性等几个方面，来处理数据的丢失值、越界值、代码不一致、数据重复等问题。

（1）4 种数据异常类型的清洗方式

① 残缺数据

数据的一些应该有的信息缺失，如供应商的名称、分公司的名称、客户的区域信息缺失，比如业务系统中主表与明细表不能匹配等。

在大多数情况下，缺失的值必须通过手工填入（即手工清理），比如按照缺失内容的不同提交给不同的客户，要求其在规定的时间内补全。当然，某些缺失的值可以通过从本数据源或其他数据源推导而获得，比如可以使用平均值、最大值、最小值或更为复杂的概率估计值来代替缺失的值。

② 错误数据

错误数据产生的原因通常是业务系统不够健全，系统在接收数据后没有进行判断，直接写入数据库造成错误，比如日期格式不正确、日期越界等。

一般使用统计分析方法识别可能的错误值或异常值，比如通过偏差分析、识别不遵守分布规律或回归方程值域的值，也可以采用简单规则库（常识性规则、业务特定规则等）检查数据值，或使用不同属性间的约束、外部的数据来检测和清理数据。

③ 重复数据

重复数据可能是由于不同的收集来源导致了重复收集产生的，也可能由于程序方面的问题，导致生成的数据原本就是重复的。重复数据表现为所有字段或者部分关键字段重复。

处理这部分数据的关键是确定重复的部分数据是该有的数据，还是不该有的数据。处理办法是，将重复数据记录的所有字段导出来，让客户确认并整理，再决定是否过滤掉、是否修正。

④不一致数据

数据不一致性，是指数据彼此矛盾、不相容。出现这种情况有三种原因，第一种可能是由于数据冗余造成的，第二种可能是由于并发控制不当造成的，第三种可能是由于各种故障造成的。

该类异常，可以通过判断记录间的属性值是否相等来检测记录是否相等，将相等的记录合并为一条记录。

（2）数据清洗的工具

目前数据清洗工具主要包括数据迁移工具、数据审计工具等。

数据迁移工具：允许指定简单的转换规则，比如将字符串“gender”替换成“sex”。PrismWarehouse就属于这一类。

数据审计工具：可以通过扫描数据发现数据之间的规律和联系。这类工具可以看作是数据挖掘工具的变形。

（3）数据清洗的总结

数据清洗一般针对具体应用，因而难以归纳统一的方法和步骤，但是根据数据不同可以给出相应的数据清洗方法。

数据清洗是一个反复的过程，不可能在几天内完成，只能不断发现问题，解决问题。

需要注意的是，在数据清洗时不要将有用的数据过滤掉，要对于每个过滤规则进行认真验证，并让用户确认。

4. 迁入数据仓库

在数据采集之后，可以使用数据仓库进行数据的统一存储和处理。

（1）什么是数据仓库

数据仓库，就是出于为企业的分析报告和决策提供支持的目的，而创建的一个很大的数据存储集合，对多样的业务数据进行筛选与整合。

数据仓库是数据库概念的升级。从逻辑上理解，数据库和数据仓库没有区别，都是通过数据库软件实现的存放数据的地方，只不过从数据吞吐量来说，数据仓库要比数据库更庞大。二者的对比关系如表 5-2 所示。

表 5-2　数据仓库与数据库的对比

	数据仓库	数据库
数据范围	一般是历史全部数据	一般存储当前的活跃数据（不活跃的数据往往会被备份出去）
处理量和频次	大批量、高吞吐、有延迟，处理不频繁	小批量、高并发、低延迟，处理频繁
设计理念	面向主题设计，有意引入适当的冗余，违反范式规则	面向业务设计，尽量避免冗余，符合范式规则
目的	为分析数据而设计，支持战略决策	为捕获数据而设计，支持业务生产
存储结构	相对简单的表格结构，存储结构相对松散	相对复杂的表格结构，存储结构相对紧致
举例	比较流行的有：AWS Redshift、Greenplum、Hive等	比较流行的有：MySQL、Oracle、SQLServer等

数据仓库的主要作用如图 5-15 所示。其对各种来源数据进行汇总和整理，确保数据的质量和安全，为数据分析、数据挖掘、数据报表做储备和过渡。

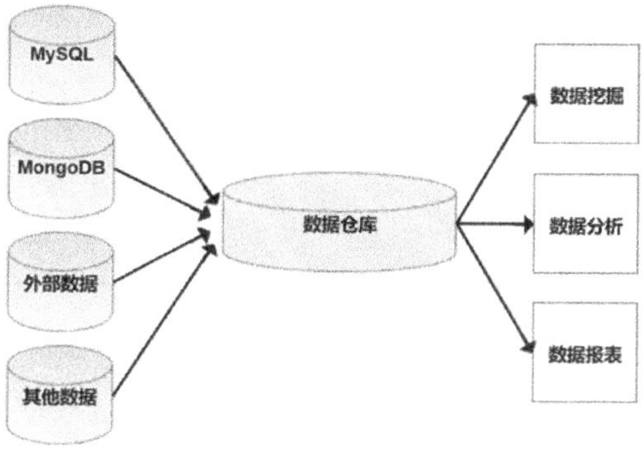

图 5-15　数据仓库的主要作用示意图

（2）数据仓库举例

Hive 是基于 Hadoop 的数据仓库工具，对外提供了类似于 SQL 语言的查询语言 HiveQL，学会了 SQL 语句的语法也就学会了 HiveQL 语句。

Teradata 数据仓库配备性能最高、最可靠的大规模并行处理平台，能够高速处理海量数据，其性能远远高于 Hive。它令企业可以专注于业务，不需要花费大量精力管理技术。

（3）迁入数据仓库的过程

数据从来源迁移到目标数据仓库的过程可以用"ETL"描述，即"Extract→Transform→Load"，如图 5-16 所示。

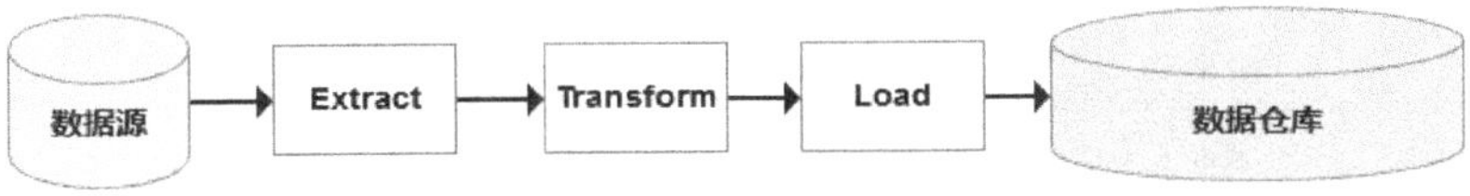

图 5-16　数据迁入数据仓库的过程示意图

Extract（数据抽取），就是把数据从数据源读出来；Transform（数据转换），把原始数据转换成期望的格式和维度，该阶段也包含数据清洗，去掉噪音数据；Load（数据加载），把处理后的数据加载到目标（即数据仓库）之中。

5. 数据分析

数据分析是按照一定的分析方法或数据模型进行的。本质上数据模型就是分析方法的模型化，只是有的数据模型比较简单，容易理解，有的数据模型比较复杂，甚至需要我们有针对性地搭建模型。

（1）常见的数据分析方法

常见的数据分析方法包括基本数据分析方法、常用的数据拆分方法、常用的分析维度三个方面。

① 基本数据分析方法

基本数据分析方法包含多维分析、数据趋势分析、数据对比分析、数据细分分析、漏斗分析、留存分析、用户路径分析、用户分群分析、点击分析等。不同的基本数据分析方法适用于不同的业务场景，需要自主选择。例如漏斗分析可以用来分析“注册用户→登录用户”的转化率，趋势分析常用来分析环比、同比、定基比等。

② 常用的数据拆分方法

进行数据分析，需要对数据进行拆分。常见的拆分维度有分时、分渠道、分用户、分地区等。

分时，即考查不同时间段的数据是否有变化；分渠道，即考查不同来源的流量或者产品是否有差异；分用户，即考查不同用户（比如新注册用户和老用户、高等级用户和低等级用户）的数据是否有差异；分地区，即考查不同地区的数据是否有差异；还可以按照其他参数拆分，比如按照人物的年龄、商品的价格等拆分。

③ 常用的分析维度

常见的分析维度有：异常分析、寻找关联关系、分类分析、分层分析等。

异常分析，即通过数据分析发现异常情况，以找到解决异常问题的方法；寻找关联关系，即寻找现象之间的内在关系，比如“沃尔玛尿布与啤酒故事”的案例就是关联关系的最佳实践；分类分析和分层分析，即通过用户特征、用户行为对用户分类、分层，并加以分析，形成精细化运营、精准化业务推荐，进一步提升运营效率和转化率。

（2）数据模型

① 模型

模型就是从日常杂乱信息中抽象出来的简化描述，用于分析更广泛的同类事物。

可以说，一切数据分析方法都是基于数据模型的。举个例子，某人考试得到 80 分，看上去不错，但是实际上这次考试的满分是 150 分，及格分是 90 分，因此除了知道分数以外，还要了解用于比较的基准分数，在有基准的情况下，更高的分数才有意义。

② 建模

在数学里，映射（如图 5-17 所示）是指两个集合之间元素相互“对应”的关系。建模的本质就是创建一个稳固的公式，模拟出从一个状态到另一个状态的逻辑规则，可以被抽象提取成为一个可以套用的公式。

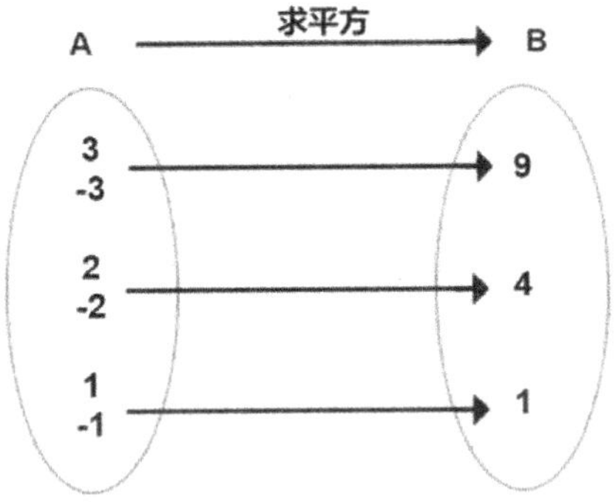

图 5-17 数学中的映射

数据建模就是朝着数据分析的目标，根据掌握的数据资料做分析：分析实际问题中的各种因素，使用变量表示；分析这些变量之间的关系，哪些是相互依存的，哪些是独立的，它们具有什么样的关系；根据实际问题选用合适的数学框架，并在这个数学框架下将具体的应用问题标出。

③ 模型分类

商业分析模型：麦肯锡等咨询公司根据商业需要，总结的一些分析框架，比如波特五力模型。

统计模型：主要依靠统计学知识，比如各种分布和检验的关系原理，学习这部分知识需要具备很好的数学基础。

数据挖掘模型：包括生成模型（典型的生成模型有朴素贝叶斯法、隐马尔可夫模型等）、判别模型（有感知机、决策树、条件随机场等）。

④模型的意义和应用

衣物在储物柜中分类存放就会更容易被找到，与此同理，数据建模可以把数据按模型来处理，可以提升数据的处理、流转和提取效率，节省时间，为业务赋能。

在实际工作中，已经存在很多现成的数据模型供我们使用，比如前面说的漏斗分析、留存分析。可以根据问题的性质和建模的目的选取合适的模型。

6. 输出结果

数据分析往往是一个项目性的工作，需要产品经理、数据分析师等人员参与和协助，其最终结果以具体的数据分析报告为展示形式。数据分析报告可以验证数据分析的目标和推测，具有提供指导依据、归档存根、展示阶段成果等作用。

（1）数据分析报告的内容

① 原始数据的信息描述：包括数据是怎么获取的、数据的来源、数据的范围、数据的可靠性、数据的清洗方式等，确保数据本身是可信的。

② 描述性统计分析：是指运用表格、图形以及计算概括性数据来描述数据特征的各项活动。其要对调查对象的所有变量的有关数据进行描述性统计分析，主要包括数据的频数分析、集中趋势分析、离散程度分析，以及一些基本的统计图形。

③ 阐述分析方法：数据分析的方法有很多种，需阐述本次数据分析中采用的分析方法和直接结论。

④ 其他内容：数据分析的总结、建议、不足和期望。

（2）数据分析报告的注意事项

① 报告内容要重视客观性，并且保持对数据的敏感。

数据本身不会说谎，但是有时候我们会人为加以臆断，曲解了数据所包含的真实信息。因此数据分析报告要尊重客观，尽量保留推导过程。

我们要能够发现数据中的隐含信息，并通过逻辑推理，进一步提出大胆的假设与追问，最后通过进一步的跟踪和其他手段去验证。

② 数据分析报告尽量图表化可视化。

图形化的界面能够更加直观形象地传递信息。

③ 核心指标要少而关键。

拆分指标要有意义且详细，但是核心指标不能太多，太多则不利于聚焦。每页说明一个结论或者解释清楚一个趋势足矣。关键性结论要用一句话说清楚。

④ 行文通俗易懂。

行文通俗易懂属于看似最不重要、也最容易被忽视的一点。没人愿意读或者谁也读不明白的报告显然是失败的。

⑤ 不要害怕或回避“不良结论”。

分析就是为了发现问题并为解决问题提供决策依据。在产品缺陷和问题造成重大失误前意识到并解决它们就是你的分析的价值所在了。

⑥ 不能完全依赖数据。

在数据分析的过程中，任何一个环节出现纰漏都有可能导致整个结论变得无效。比如：选取的样本容量有误，忽略了有效用户，囊括了无效用户；错判因果关系，在分析数据的时候，正确判断数据指标的逻辑关系应该找到相关方之间的相互关系（不仅是因果关系）；被数据的表达技巧所蒙蔽，比如最小区间、上下极值、主次坐标轴等，不要被数据的视觉效果所蒙蔽。

5.3 沟通与表达

5.3.1 沟通

1. 沟通的重要性

沟通是为了达成一个目标，在个人或者群体间传递信息、思想和情感，并且达成共同协议的过程。产品经理的沟通，就是把自己思考的内容、调查到的外部信息、设计的方案等，传递给项目干系人。

在产品经理的工作中，沟通占用的时间，比写需求、学习与思考占用的时间都要多。甚至可以说，产品经理要么正在沟通，要么正在为沟通做准备。因此产品经理要有意识地锻炼和培养自己的沟通能力，掌握科学的沟通方法。

2. 如何进行有效沟通

（1）提前做好准备，明确沟通的对象。

首先，准备好要沟通的内容，做好充分调研，避免因为自己说不清或答不上而影响沟通的连贯性。

其次，明确受众。产品经理和业务用户沟通，尽量说用户能够听懂的语言；产品经理和开发人员沟通，可以反馈一些需求背景相关的信息，比如竞品和商业的信息，让研发人员真实感受到我们做的产品很有价值；产品经理和测试人员沟通，要基于用例，以便测试人员更好地解读需求。

最后，选择好沟通的工具和场所。如果是简单的沟通，通过 QQ、邮件或者打电话就可以；如果是比较复杂的或者涉及的干系人比较多的沟通，则需要开会沟通，这时候要事先预约会议室，在开会前检查会议室的投影演示设备，并且提前通知大家。

（2）沟通的内容要结构分明、准确无误。

一般来说，产品经理在讲述自己的想法的时候，不要一开始就做长篇描述，以免听者感觉置身于迷雾中。正确的做法是运用“金字塔原理”（如图 5-18 示），从中心思想（结论）说起，再层层展开。

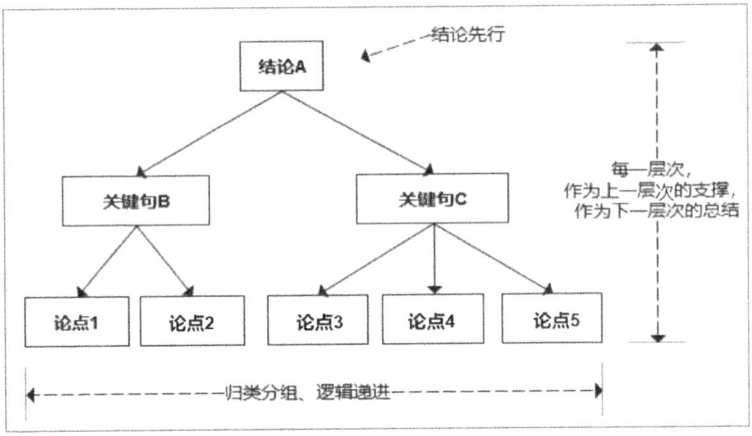

图 5-18　金字塔原理

金字塔原理可以使沟通内容层次分明，那么如何整合和编排论点呢？可以使用 MECE 分析法。

MECE 分析法（Mutually Exclusive Collectively Exhaustive），根据“相互独立，完全穷尽”的原则，将一个重大的议题不重复、无遗漏地分解，让所描述的内容更加严谨、准确、全面。通过 MECE 分析法，可以将论点归入“有/无重复”“有/无遗漏”维度构成的四个象限中进行判断。如图 5-19 所示，人分为男性和女性是满足 MECE 原则的，而其他划分方法都是不符合的。

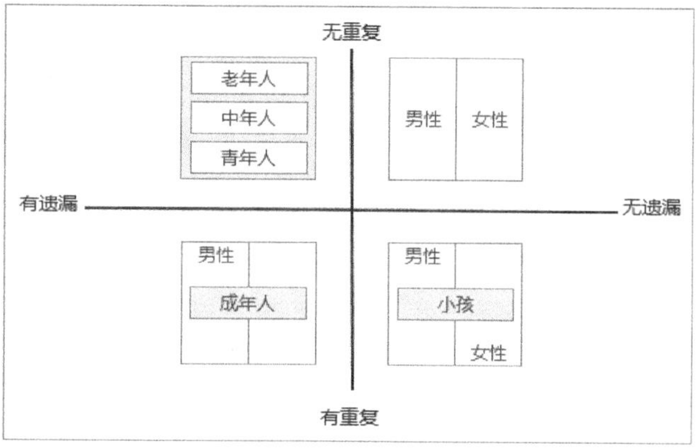

图 5-19　ECE 分析法的“有/无重复”“有/无遗漏”四象限举例

（3）配合使用多种表达方式。

除了语言本身外，还可以结合声音、语气、辅助工具、形态动作等方式提升表达方式。根据梅拉宾法则（前面提到过）中描述的沟通信息传递占比（如图 5-20 所示）可知，语气、声调传递了 38%的信息，动作神情等肢体语言传递了 55%的信息，语言、文字、图片传递了 7%的信息，因此结合肢体语言传递信息很重要。（参见前面 5.1.2 小节介绍的“梅拉宾法则”）

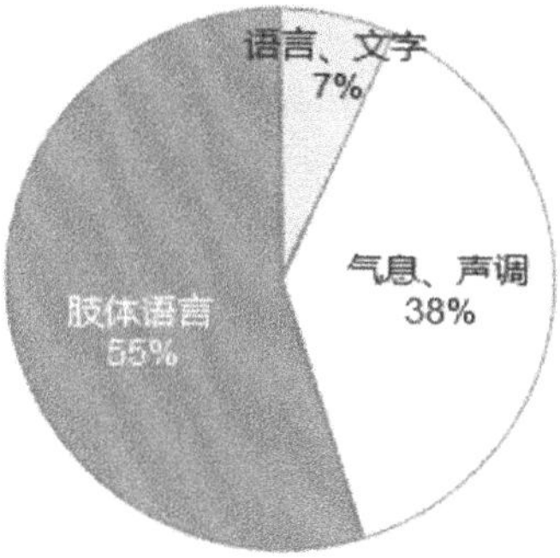

图 5-20　沟通中信息传递占比

（4）运用说话的艺术。

举一个典型的例子。老婆做的菜太咸了，如果老公说“今天做的菜有点咸”，虽然信息传达无误，但是效果却很差，可能会让老婆很不高兴，明天她就不做饭了。如果老公说：“今天的菜真香啊，简直是大厨的手艺！如果这个鱼少加一点盐那就更能凸显鱼肉本身的鲜味了。” 这样一来，不仅明天的饭菜不会太咸，老婆也会很开心。

称赞应多于批评，就像“汉堡包模型”一样，以“称赞/建议/称赞”的结构来提出反馈。

（5）尽量避免争吵。

在沟通中，大家大多数都知道讨论话题是对事不对人的，但有时候还是会无意识地引发语言冲突。注意，如果对方讲了带有情绪的话，最好过滤掉，继续讨论正向话题，对方也会意识到自己言语的不当，会更加耐心地与你沟通。在沟通中要注意化解争吵，及时给对方传达一个信息：我们是在证明自己的观点，不是证明自己，对事不对人。

（6）反馈、复述、复盘。

沟通是一个双向的过程，要注重效果，还要不断反馈和复盘说出的和听到的信息。反馈澄清有助于提高沟通效果，确保信息被正确传达，甚至会挖掘到新的有价值的信息。

另外，对于重要的沟通要记得做好沟通记录，该记录可以存档、共享、追溯。

5.3.2 表达

1. 沟通与表达的关系

平常我们都把“沟通”“表达”连在一起说，但实际它指的是两方面的能力。所谓沟通，是有来有往的，重在信息互动；所谓表达，虽然过程中也有互动，但更多的是指单向的传达、说服，比如演讲、演示等。

沟通比表达更基础，更像是一项生存本能。基本上在所有的工作和生活中都要和外界进行沟通。会沟通未必善于表达或者愿意表达。举个简单例子，有一位谦虚的人，博学多才，知道很多知识，却不喜欢表露自己的观点，也不喜欢说服别人，但是当别人问他问题时，他也会热情地解答，并有效反馈，这就是说他愿意和人沟通，但不喜欢主动表达自己。

2. 产品经理表达的场景

在产品经理的工作中并不需要夸夸其谈，但是在必要的场景下要善于表达。比如下面这些场景。

（1）当需要为需求的实现争取一定的资源或支持的时候。

一般在大公司中，很多资源是公用的，因此需要自己主动争取。比如你要立项，就要去说服领导、相关人员，说明这个项目的价值。这时候就需要产品经理有一定的演讲技巧，有理有据、有感染力地表达自己的观点。

（2）在需求方案的宣讲和演示阶段

前面提到的需求评审、业务培训、项目演示等场合，都需要产品经理高质量的表达能力。产品经理要高效准确地传达信息，并带动受众接收并“消化掉”这些信息。

（3）在日常的团队建设中

例如在日常工作中程序员帮你检查问题了，你要懂得表达感谢，可以下班一起吃饭，也可以帮他倒一杯水，或者选择其他表达感谢的方式。

3. 如何提高产品经理的表达能力

（1）在表达之前做好充分准备：确定要达到的目标、明确受众的特点、熟悉表达的内容、准备好表达的方式，甚至要提前做好排练。

（2）在表达的内容上要有理有据、紧盯目标、主次分明，避免平铺直叙，令受众注意力分散。

（3）在表达的态度上不卑不亢、尊重客观、真诚互动。

（4）有意识地培养和锻炼表达能力，比如利用每一次演示方案或会议的机会锻炼表达能力，也可以主动参加演讲学习，积累技巧。

（5）运用一定的心理学知识，抓住受众的心理。

5.3.3 沟通与表达的有关理论举例

沟通和表达作为一门学问，有很多理论可以指导实践，值得我们了解。比如损失厌恶理论、近因效应、沟通视窗、信息漏斗、共识金字塔等。

1. 损失厌恶理论

损失厌恶，是指人们面对同样数量的收益和损失时，损失更加令他们难以忍受。例如，同样是 100 元的差值，相对于收益，作为损失时就会被放大，令人难以接受，这就是损失厌恶的心理在作怪。

了解这个概念后，当我们和别人沟通消息时，要把多个好消息分开通知（比如分成几段分别通知），以增强喜悦效果，而把多个坏消息一起通知，以减轻对方的痛感。

2. 近因效应

近因效应也叫“终值定律”，是指人们在认识和记忆一系列事物时，对事物末尾部分的记忆效果，会优于对中间和前面部分的记忆效果。比如电影的精彩结尾可能会让观众忘掉电影中间的慢节奏或不合理的剧情，比如作文以金句结尾更容易得高分。

因此，当我们和别人沟通时，可以先说坏消息，再说好消息。

3. 沟通视窗理论

沟通视窗理论，根据自己和他人，按照“知道”“不知道”这两组维度，将沟通双方对内容的熟悉程度划分出四个象限，如图 5-21 所示。

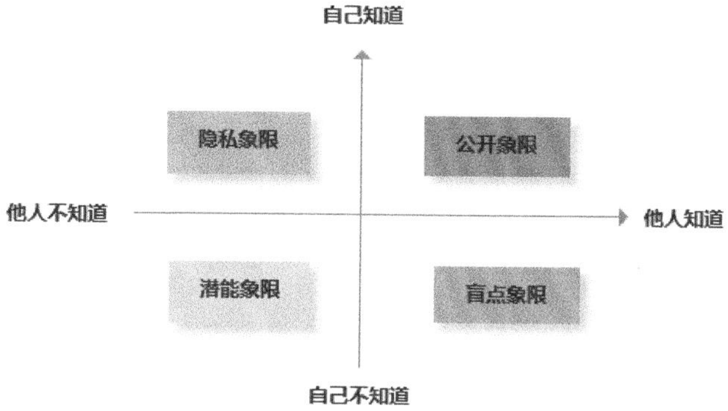

图 5-21　沟通视窗的四个象限

（1）公开象限：自己知道、别人也知道的信息。信任度越高，其公开象限就越大。

（2）隐私象限：自己知道、别人不知道的信息。这个象限对于提升信任度有重要作用，需要正面表达，避免误解。

（3）盲点象限：别人知道、但自己不知道的信息。这个象限是最危险的，外面的人往里面看得特别清楚，而里面的人却一叶障目。

（4）潜能象限：双方都不了解的全新领域。这一象限对于其他区域的开发有着非常大的潜在影响，只有把自己做成开放状态，不断地从外界交换信息，才能成长。

从以上四个象限不难看出，获得信任感的要义在于扩大公开象限。在实际工作中，可以通过总结大会或工作中的即时反馈，扩大公开象限，加强工作信心。

4. 信息漏斗理论

工作中的所有沟通都是有信息衰减的，而且随着组织层级的增加，人数的增加，沟通效率会越来越低，信息漏斗如图 5-22 所示。

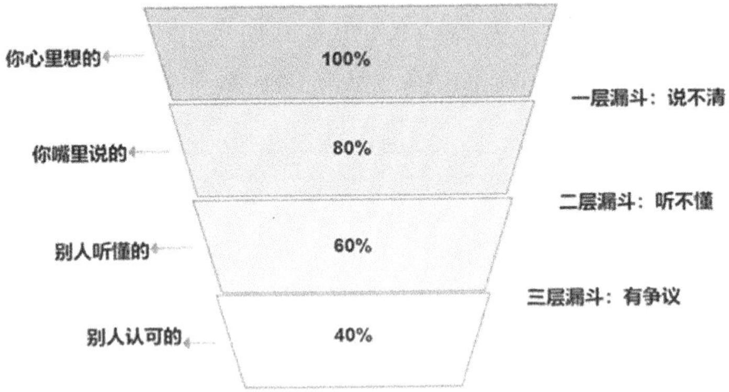

图 5-22　信息漏斗示意图

（1）第一层漏斗“说不清”：如果一个人心里想的是 100%的东西，当在众人面前诉说时，由于“说不清”，实际就只说出了 80%。

（2）第二层漏斗“听不懂”：当自己说的那 80%输出之后，由于双方的文化水平、知识背景等差异，可能对方只能听懂 60%。

（3）第三层漏斗“有争议”：当别人听懂 60%信息之后，可能还会有一些不被认可和有异议的内容被忽视，所以真正能落地的可能只剩 40%了。

这样，信息漏斗过滤掉了很多很重要的信息。

对于落实的 40%信息，我们还需要再次追问对方，是否有不同的想法和意见，双方共同协商，看如何处置争议问题。那么此时又需要用到共识金字塔理论。

5. 共识金字塔理论

有效沟通包含最主要的三个关键方面：信任、沟通、共识。其中的共识部分就对应共识金字塔理论。共识金字塔共有五级，最下面两级属于无效沟通，上面三级才进入寻求共识的有效沟通的范围内。共识金字塔如图 5-23 所示。

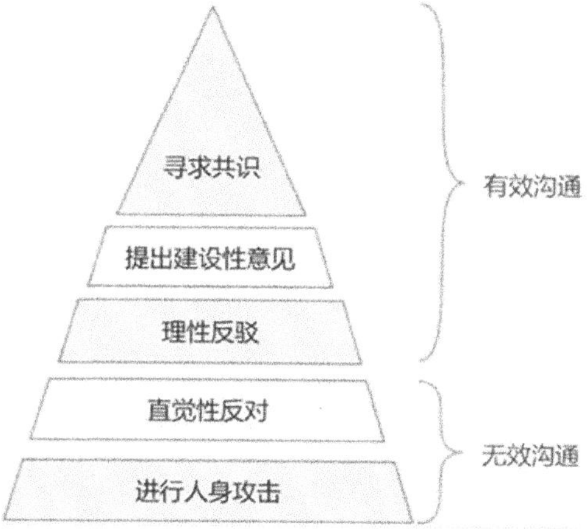

图 5-23　共识金字塔示意图

（1）进行人身攻击

这种情况一般有两种，第一种是不描述事实，直接用带有感情色彩的词语进行人身攻击；第二种是描述事实，但是主观臆断对方的想法，把自己放到道德制高点上攻击对方。

（2）直觉性反对

这种情况也有两种：第一种是努力收集各种有失偏颇的证据来自圆其说；第二种是针对对方观点进行断章取义的驳斥。

（3）理性反驳

这一层级才真正进入了有效讨论的范围。理性反驳是指在充分理解对方观点的前提下，有论点、有论据地论证，进行“闭环反驳”。其具体包含以下两个步骤：第一，反对对方观点，并提出自己的观点；第二，用严格的推理和论证，来支撑自己的观点。

（4）提出建设性意见

提出建设性意见是指不但自己拿出观点，同时还要换位思考，站在他人的角度上去帮助对方找到思考漏洞。其目的不是为了驳倒或击败对方，不是为了在讨论中取胜以显得对方愚昧，而是提出建设性意见。

（5）寻求共识

这一层需要大家具备更加高的抽象和总结能力，把视角往上再抬高一个层级，用更加宏观的视野，把双方承认的合理想法都涵盖进来。举个例子，爱因斯坦的相对论和牛顿的经典力学曾经看起来彼此矛盾，但人们通过辩证思维方式，认识到二者并不存在对错，本质上只是物理学在高速和低速状态下的不同模型罢了。

5.4 跨团队协作

由于后端产品被多个业务部门使用，分布部署于多个系统中，故相比前端产品经理来说，后端产品经理进行跨团队协作的场景会更加频繁地出现。

1. 跨团队协作的目的

（1）实现整体需求和分工需求

需求澄清之后，技术部门之间就要规划实现方案。比如整体需求是“让拒签状态的包裹的数据自动创建包裹售后信息”，“创建售后信息”这一环节可以在售后系统实现，但是“拒签”状态要从物流系统获取，物流系统又需要知道的包裹号，包裹号来自仓库系统，于是就需要这三方系统做分工和协同。

（2）争取资源最优化

需求方案确认之后，剩下的主要事情就是从资源池中获取所需的资源。每个公司的情况不同，但是在一般情况下，开发、测试、UI 等资源都是服务于所有系统的，所以需要跨团队争取资源，最大程度地利用资源。

（3）提高工作效率

跨部门协作的目的是提高公司整体的工作效率。企业内部是由职责分明的各个部门组成的，企业目标的完成不止需要部门内部积极开展工作，同时也需要超越部门界限的协作，实现“1+1>2”的效果。

2. 跨团队协作的难点

（1）各部门的工作环境不同，沟通困难

不同部门之间的工作内容和职责都不相同，大家有自己的工作习惯和语言环境。各个部门在一起协作的时候，一方面容易出现语言不统一、理解偏差的情况，另一方面大家只按照自己的工作习惯办事，看不到整体的需要，因此容易出现互不理解，沟通困难的情况。

（2）每个人的 KPI 不同，注意力不统一，效果打折扣

一般来说，如果没有收益，公司内很少有人会愿意帮助别人做自己本职工作之外的事。公司各方自然会更多地关注自己的 KPI（关键业绩指标），会觉得协作的事情是大家的事情，不是自己的，导致诸如开会迟到、协作不积极的现象，令最终协作效果打折扣。

（3）人员不容易管控

跨部门协作本来是为了提高公司整体的工作效率，但是如果处理不好就会引发一系列问题，反而影响工作效率。比如一个联合开发的项目，一方的功能已经测试完毕，另一方却还没有落实开发排期，那先做好的这方就要等待，等久了导致后来又要重新测试一遍，事倍功半。

3. 跨团队协作的原则

（1）维护部门和个人的口碑

产品经理有个人的口碑，部门也有部门的口碑。如果有些部门经常不能如期配合其他部门的工作，久而久之，大家就都不愿意与该部门有深入合作。同样，大家也更愿意和一个做事靠谱的产品经理共事。因此，针对每次协作，即使协作的事项很小，也要注重交付质量，维护部门和个人的形象和口碑。

（2）寻找共同目标

如果在项目合作中只有一方有收获，其他各方只能处于一种“帮衬”“配合”的位置，那么他们凭什么积极参与呢？因此对于协作项目来说，最好的愿景就是共赢。尽量去创造一个横跨各部门的共同目标，然后让大家一起努力。

（3）协作任务的粒度要适中

随着企业的发展壮大，部门越来越多，成员也逐渐增加，工作慢慢细化。如果跨部门合作的工作过于细致，就会导致沟通成本加大，效果反而不佳，影响公司整体工作效率。

因此在安排分工时要注意“分工粒度”，比如“让一个系统获取数据，让另一个系统使用数据”这种存在紧密衔接的需求点，尽量做在一个系统中，不要分成两个系统。粒度过细反而适得其反。

（4）明确跨部门人员的岗位职责，责任到人

在跨部门协作中，需要梳理出一条完整的跨部门协作工作流程，确保衔接流畅，并且要明确各个员工的职责，做到权责分明、合理分工，避免留下模糊账。

（5）换位思考，开诚布公

能够保证合作顺畅的最基本原则之一是换位思考。一旦一个人能够站在别人的角度上考虑问题，沟通起来就会更加容易。特别是在大公司里，各部门的同事手上可能都有各种各样的事务，在这种情况下，要求对方全力配合自己显然是不可能的，此时只能多站在对方的角度上考虑问题，理解对方的难处和难点，换个方向寻求新的帮助，或者等对方有空的时候再一起找寻解决办法。另外，一旦在协作中发生矛盾或困难，还需要开诚布公地进行沟通。

4. 如何做好跨团队协作

（1）做好协作前的准备

① 想清楚为什么参与协作，并认可这件事。

下面的几个问题应该事先想清楚。

你希望对方参与做什么事？

他们不得不做的理由是什么？

如果对方不同意参与协作，有没有其他选择方案？

如果双方没共识，会有什么后果？对方又会面临什么后果？

用这些问题的答案说服自己和团队同心协力。

② 事先熟悉“对方的语言”和工作方式。

跨部门沟通不良很多时候都是因为“语言不通”“做法不认可”所引起的。比如客服、财务、生产、人力资源的人员讲的都是各自的职场“语言”，都是按照自己的职场习惯工作的，不同部门之间有很大差异。因此想要与其他部门成员沟通顺畅，前提是熟悉对方的术语、工作模式等，确保听懂“对方的语言”，理解对方的工作模式。

（2）保持积极态度

作为协作的一方要保持积极的态度，把该做的工作做到位。比如谈好的方案有变更一定要第一时间通知大家确认，获得认可后才能进行修订，然后再公示结果。

（3）对不确定的问题一定要及时确认澄清

很多时候，跨部门会议中所决定的事项，有的是不能当场决定的。这时候不要“拍脑袋”定结论，而要明确告诉大家，这件事情待确认后答复，然后尽快确认，及时发出确认的结果。

（4）统一的沟通平台，方便信息留存

统一的沟通平台不仅可以免去多沟通平台来回切换的麻烦，提高沟通效率，还可以避免聊天中的重要信息及文件的丢失。

（5）借助外力推动协作

① 利用双方的共同汇报关系。

有时，合作双方有着共同的汇报关系，比如有同一个老板，那么遇到无法推进的事项时，就可以主动向这个老板请求帮助，这样可以让协作变得顺畅。

② 利用业务驱动。

很多时候，协作都是为了实现业务用户的需要，因此在遇到协作困难时，可以将当前的困难告诉业务需求方，请求业务用户协助推动相关部门配合。

总而言之，产品经理在跨部门合作过程中，需要秉承“共赢”的合作理念，身姿要柔软、原则要坚定，追求“1+1>2”的效果。

5.5 本章小结

本章介绍了后端产品经理基本工作技能之外的加分项：项目管理、数据分析、沟通与表达、跨团队协作。这些可以为产品经理工作提供增益效果。

不管公司是否有项目经理职位，产品经理都有必要掌握项目管理方面的知识和技能，以便高效地管控需求进度；后端产品系统本来就是跟数据打交道的，掌握数据分析的基本原理和方法，可以提升产品经理的工作效率，发挥更大的数据赋能作用；了解沟通表达技能和理论，帮助产品经理提高沟通能力，提升工作效率；跨团队协作是后端产品团队常见的工作场景，因此有必要了解相关的注意事项和技巧。

第6章

风林火山——兵道与产品之道

《孙子兵法·军争》有云“其疾如风，其徐如林，侵掠如火，不动如山”，描述了在不同场景下用兵的策略。产品经理管理和实践产品的过程也同用兵一样，需要具备“其疾如风”的执行力、“其徐如林”的商业思维、“侵掠如火”的影响力和“不动如山”的深度思考能力。这便是兵道与产品之道的相通之处。

6.1 其疾如风：执行力为王

1. 执行力

在管理领域中，执行力的内容主要有两部分：一部分是输出计划或方案，另一部分是实施计划或方案。这两部分执行力内容涵盖了产品经理工作的大部分场景。

产品经理的执行力就是在比较复杂、没有参照物、没有“绝对授权”的情况下，依托战略目标，围绕产品，制定出解决方案或者推动方案实现的功能。

产品经理的执行力，以理解企业和产品战略为前提，以决策产品走向为过程，以贯彻战略为主体，以驱动开发和落地为成效。不管是负责前端产品还是后端产品，执行力是产品经理的一项基本能力，在特殊的场景中，其会直接影响产品的成败。

2. 产品经理执行力的主要体现

（1）弱执行力的主要体现

①不愿想办法，也不愿好好做。比如领导问你开发进展怎么样，你赶紧跑过去看了一下开发进度，回来汇报“还没做好”，然后领导又问“大概要多久”，你又慌忙跑过去再问。这种情况就是没有想法、踹一脚走一步的弱执行力的表现。

②想做好，但是没定力。比如打算做完 PPT 再下班，但是感觉饿了，那就先吃饭吧，等吃完饭，心想顺便玩一局游戏吧，结果赢了一局游戏就停不住了，最后一看时间已经是晚上十点了，只好下班，工作没有完成。这就是没定力的表现。

作为产品经理要以目标为导向，要有定力和魄力，否则心里有再多对工作的渴望都是没用的。

③按部就班执行，只管好自己的“一亩三分地”。这群人常常不缺少责任感，但是只盯着分内的事情，每天领取当天的任务，用自己以往的经验做完之后，就不再做进一步的探究和发掘。

这类产品经理比较中庸，其可能怕犯错误，也可能是经验主义者。这类产品经理很多时候可以完成属于自己的任务，但时间长了，容易养成了墨守成规的习惯，不利于自身能力的拓展和快速提升。

（2）强执行力的主要体现

执行力强，不是忙得“飞起来”，而是行事条理清晰；不是时时处处按流程办事，而是实时分析不断调整优化；不是不择手段，而是要保持有利、有节的态度；不是处处以自己的事为核心，而是注重团队合作，追求共赢。

执行力强的人一般先把人、理念、目标、资源、结果层面的很多东西想通以后，接下来再回想这个事情该怎么操作、该怎么去实现、有没有现成的套路可用、怎么才能良性地将这个事情推行下去，并确保后面的能效是逐步累积和放大的。这样量体裁衣式、顾问式、思考式的执行，才可能产生立竿见影的效果。

（3）团队的执行力的表现

产品经理的执行力，不仅表现为个人的执行力，还表现为其所在团队的执行力。团队的执行力是一项系统工程，表现出来的就是整个团队的战斗力、竞争力和凝聚力。

对于产品经理而言，执行力就是去张罗一摊事，可能需要一帮和你利益不一致的人一起完成，因此你要分析：要达成的目标是什么，现阶段可以做的具体的事情是什么，需要多少人帮助，他们的现状是什么，他们对这个事情怎么看待，为了达成目标要怎么做，需要他们怎么样做等。当你获得答案后，就能针对性地给出方案，为目标的实现开路架桥。

因此团队的执行力是需要产品经理去主动带动的，而不是等在那里，期待每个成员自觉醒悟。

3. 产品经理执行力的特点

（1）首先，产品经理的执行力具有驱动作用

产品经理往往处于驱动地位，具有引爆点的作用。产品的方向、价值导向都是通过产品经理传达下来的，因此产品经理的执行力就像是驱动轮，当它转动起来后，就会带动整个团队运转起来。

（2）其次，产品经理的执行力具有放大作用

产品经理往往是在有形或无形中带动整个团队的，而不是只做边边角角的工作，这决定他的执行力具有放大作用。产品经理的果断的、卓有成效的执行力将会被放大到整个团队中，带来所谓“强将手下无弱兵”的连锁效应。

（3）再次，产品经理的执行力需要发挥更大的主观能动性

产品经理本身的职位特点，决定了他是没有权力的“经理”或“CEO”，其在执行过程中要调动的资源，需要依靠个人魅力去争取，这本身就成了产品经理执行力的难点，但同时也给产品经理提供了主观能动性发挥的空间，因此也可以成为执行力的保障。

（4）最后，产品经理的执行力是互联网行业的需要

在互联网蓬勃发展的这些年里，大部分成功案例都是通过“以动制静”“以快打慢”的方式实现的。互联网领域向来不缺少点子，也不缺少信息，能成功的往往是一个执行力合格的团队，因此执行力对产品经理而言，是必须具备的技能。

4. 如何提高执行力

（1）事前多思考和谋划。比如在接到需求的时候，很多人都会马上埋头开始做原型。其实第一步应该去做分析工作，充分阅读材料、了解背景、思考目标、明确需求边界等。事前多思考和谋划，能让工作变得更有把握，不至于乱了方向。

（2）抓住关键事件，力出一孔。在工作中常常会被插入新的任务，导致最后无法完成目标。解决的办法就是为任务排列优先级，关键事项可以用前面提到的“紧急”“重要”四象限法进行确定，先做重要、紧急的事情，最后做不重要、不紧急的事情。

盯住重要事件，完成一件事后，再进行下一件。专注于一个阶段的内容，提高工作效率和质量。

（3）说一百个点子，不如做一次实践。不能只说、只想，而要行动起来。只有行动起来，校验错误和认识理论的效率才更高。

比如大家都能看到部门工作中的不足之处，常常吐槽“这个不应该这样，若是给我做……”吐槽完也就四散而去，此时若有人默默把方案写下来，并与领导交换了意见，很可能就成立项目，由他负责实施了。如此一来，就将解决方案带到实践轨道上来。

（4）对自己的承诺负责。一件工作什么时候能完成，最好自己先评估一个时间，并主动告知对方。当然，对于这个完成时间，要给自己留点余量，否则一旦完不成，就会让对方失望。

很多时候我们不能将计划中的事情，或者答应别人解决的事情及时完成，但是我们会承诺一个完成时间。在这种情况下，可以立下一个制度：每天在15：00之前用户反馈的线上问题，当天就解决；在15：00之后用户反馈的问题，则次日解决；实在无法解决的反馈，则汇报给领导。这样就很容易形成一种无形的责任感和推动力。

先给出合理的承诺，然后对承诺的事情负责，用户也会感到踏实。此外，在执行过程中要定好里程碑，建立监督反馈与复盘机制。

（5）掌握工作的方法和技巧。执行力的强弱很多时候与做事情的方法和技巧有关，技巧往往对执行力有加成的作用。以产品经理工作中的文档输出为例，这些文档（比如调研报告、结项报告）有时候很占用时间，也很不容易完成。笔者的技巧就是分三步完成：第一步，进行头脑风暴，在草纸上快速写出提纲和主要内容，这一般要趁思路清晰的时候完成；第二步，尽快按照提纲框架，将内容变成准确的文字，可以不要求格式和错别字，但是要求内容的完备，因为这一步完成的是整个文章的肉体，其好比一块待雕琢的“璞玉”；第三步，进行全文阅读润色，修改错别字、配图、调整结构搭配等，就此完成。

（6）借助外力，避免关门造车。有人喜欢闷头做事，这样一旦成功可以让大家对其刮目相看，但笔者非常不提倡这种方式，因为这么做会承担很大的失败风险。

更好的方式是在做的过程中借助外力，做到信息公开和透明。首先，这么做可以获得指点，优化做事进程。其次，在遇到困难时，能够集思广益，从而获取帮助。再次，在遇到延期风险时，不至于到了最后期限才发现问题，也能给接收方一个心理预期。

（7）灵活执行，但不忘原则。做事不要拘泥于一种办法，如果方案不行就回到起点，灵活选择其他的执行道路。

5. 总结

产品经理在执行力方面要有风一般的速度，这样才能有干净利索的效果。当今时代，信息瞬息万变，在执行力上，产品经理要善于整合和利用资源、策略等要素，做到“其疾如风”，雷厉风行，稳准狠。

6.2 其徐如林：持续的商业思维

很多产品经理在工作一段时间之后，都会思考自身价值的问题。其实产品经理进入中、高阶段之后，对技能的掌握能力已经不再那么重要，相对的，对商业的模式的理解、对产品本质的理解，会成为高阶产品经理的核心价值之一。

健康地走向盈利，往往是一个互联网产品最长远的归宿。不管是前端产品还是后端产品，盈利就像产品的一个隐形基因。在盈利之路上，产品经理要保持一种持续的商业化思维，稳扎稳打、循序渐进，既不偏离方向，又不操之过急。

1. 了解互联网的商业模式和盈利模式

（1）互联网商业模式

互联网商业模式，就是为实现各方价值最大化，以互联网为媒介，把企业的内外要素整合起来，形成一个高创新、高价值、高盈利、高风险、高效率的商业运作和组织构架模式。因此，商业模式是一种宏观的系统化的机制。

常见的商业模式有很多，笔者下面列举几个较为典型的商业模式。

①“社群+商业”商业模式：社群具有关系属性，用来沉淀流量；商业具有交易属性，用来将流量价值变现。该模式通过流量入口满足用户的需求痛点，能否有效沉淀用户，是成败的关键。

②“免费”商业模式：互联网经济就是以吸引大众注意力为基础的，比如 360 安全卫士、QQ，都是通过免费留住用户，然后在其他方向收益的。

③“长尾型”商业模式：比如销售大量的利基产品，每种利基产品相对而言只产生小额利润，但销售量大。其最终销售总额，可以与传统的面向大量用户销售少数拳头产品的销售模式相媲美。

④“跨界”商业模式：互联网经济对传统产业核心要素进行了再分配，也重构了生产关系，所以小米做了手机、电视、农用产品、汽车等，并以此来提升整体系统的商业效率。

⑤“平台”商业模式：就是搭建大平台，汇聚更多世界各地的资源，满足用户多元化的个性化需求，打造一个多方共赢互利的生态圈。

（2）互联网的盈利模式

盈利模式指的是企业获取利润的方法和途径，即如何赚钱。相对于商业模式，盈利模式比较直观、具体。互联网经典的盈利模式有：广告模式、佣金模式、直播打赏模式、会员模式、销售模式、增值服务模式等。

（3）商业模式和盈利模式的关系

以打车平台为例，它提供了一个平台，让需要打车但找不到车的人，可以快速有效地找到车，同时将现有的的士司机、闲散私家车司机和车辆资源重新配置，让司机入驻平台赚取外快，这就是共享经济商业模式，而它的盈利模式就是获取成交额的抽成。

通俗地讲，商业模式和盈利模式二者的关系主要表现在以下几个方面。

①商业模式就是公司的商业运作方式和机制，是产生利润的组织构架模式；盈利模式就是赚钱的具体方式。

②商业模式指导盈利模式；盈利模式反哺商业模式。

③商业模式强调的是怎样切入市场；盈利模式强调的是如何获取利润。

④商业模式以盈利模式作为重要步骤和关键环节；盈利模式以商业模式作为指引和重要依据。

2. 互联网商业思维

商业模式和盈利模式都属于商业领域，因此在本文中将这两种思维和思考能力统一称为“商业思维”。商业思维是产品经理的基本思维之一。

产品经理在规划产品的最初阶段，就要进行充分的商业市场调研，结合社会、政策、经济和技术进行产品未来轮廓的刻画，通过竞品分析、市场分析、投资回报分析等工作规划出大致的阶段性战略步骤，然后才可以进入下一个环节的规划。因此，商业思维是从一开始就深植到产品经理内心深处的。

3. 互联网商业思维的特点

（1）双边市场

传统行业的商业模式是一手交钱一手交货，而互联网行业的共性，是产销分离的双边市场：部分人负责搭场子，免费甚至倒贴用户；另一部分人天天琢磨怎么让“羊毛出在猪身上，让狗掏钱”。因此产品经理不能将思路局限在产品设计里，要不断思考这门生意如何运转，以及如何自给自足、如何走向盈利。

（2）隐藏较深

很多时候互联网产品找不到特别有效的盈利模式，要在做好产品、养活产品（和团队）的基础上不断发现、探索和尝试盈利模式。这个道路是漫长的，因此要循序渐进，保持“其徐如林”的态势，信念不灭，渐进明细，平稳推进。

（3）不断调整

前期的互联网产品属于自发式商业模式和盈利模式，具有隐蔽性、模糊性、缺乏灵活性的特点。随着互联网市场进入充分竞争阶段，企业的盈利模式也由自发式过渡到自觉式。产品最初设计好的盈利模式，可能会被不断调整，最终才会具有清晰性、稳定性、灵活性、针对性。

4. 如何提升产品经理的商业化思维能力

（1）深入了解商业或行业的玩法和规律

举个例子。某平台有个活动，可以用3元钱换价值5元钱的优惠券。在顾客下单的时候还会有进一步优惠，可以用5元优惠券兑换定向的6元优惠券（定向的商家为6元优惠券分担2元成本）。这样的营销活动设计既吸引了用户，又增加了商家的流量，可谓一举两得。如果产品经理不了解商业规律和消费者习惯，是很难设计出这种有效的营销活动模式的。

实际上，产品经理的商业化思维的培养，离不开其对商业化习惯、行业规律等知识的深入了解。

（2）转变思维和注意力

商业产品思维和用户产品思维的关注点不同，前者关注公司收入、业绩、用户转化率等，而后者更关注用户留存、用户体验等方面。

因此，商业产品经理要朝营销转化方面转移注意力。销售思维可能和做产品的思维完全向左，因此不能只关注用户体验，要能够考虑长远的盈利模式和收益阶梯。

（3）权衡不同时期的思维重心

一般来说，在产品出现时，商业模式就已经基本确定，正常来说不存在裂变的可能性，但在产品出现时，盈利模式尚不确定，并且裂变的可能性比较大。

因此产品经理在不同的阶段里要有不同的思维重心。在设计产品时不仅要与用户需求对齐，还要与商业模式和盈利模式对齐。

5. 总结

“产品经理是 CEO 的学前班”这句话的正确之处在于：要想在产品经理的道路上走得更远，只了解用户、只会做需求分析远远不够，应该下沉到整个商业环境里，思考商业模式，寻找可突破点。

6.3 侵掠如火：打造影响力

在互联网的世界里，影响力无处不在，比如产品的影响力、用户的影响力、产品经理的影响力、品牌的影响力等。影响力又反作用于主体对象，比如，用户会觉得反应快的网站发布的信息质量更可靠、大企业做的产品的质量也会好。

在产品经理职业发展和工作中，不仅要认识到影响力的重要性，同时要努力打造正向影响力，不仅要关注产品的影响力，也要关注产品经理自身的影响力。

1. 影响力的概念

影响力是一种使用能被他人接受的方式改变他人的思想和行动的能力。影响力有两种，一种是权力性影响力，另一种是非权力性影响力。

权力性影响力又称为强制性影响力，它主要源于法律、职位、习惯和武力等。权力性影响力对人的影响带有强迫性、不可抗拒性，它是通过外推力的方式发挥其作用。

与权力性影响力相反，非权力性影响力是非强制性影响力，主要来源于领导者个人的人格魅力，来源于领导者与被领导者之间的相互感召和相互信赖。构成非权力性影响力的因素主要有品格因素、才能因素、知识因素、情感因素等。

显然，互联网产品和产品经理自身的影响力，往往属于非权力性影响力。

2. 产品经理的影响力

（1）产品经理的主动和被动影响力

产品经理的影响力有主动和被动两方面效果。

被动影响，是指产品经理自身的属性所带来的影响，包括产品经理在大家心目中的人设、人格、人品、能力大小等方面的印象和对产品的作用。

主动影响，就是产品经理主动制造出的对他人的影响，包括主动运用心理学、材料论证、激励政策等去影响他人，以促进成功。

（2）产品经理影响力的作用

①帮助获得更好的资源和机会

因为正向的影响力会在潜意识中给他人塑造出值得信赖、值得交托的暗示，因此正向影响力会为产品经理带来更多的项目机会和更多的资源。

②帮助获得良好的职业口碑

每个人都是一个品牌，一个产品经理穿梭在不同的业务和客户之间进行需求的收集和调研，久而久之大家就会对之建立起印象：这是一个做事干净利索的产品经理，对业务熟悉，解决问题的效率高，负责的需求 BUG 少，能够耐心辅导用户使用。凡此种种，都像星星一样点缀着影响力的天空。久而久之，产品经理很容易建立起业内的口碑和影响。

③使团队协作更加积极高效

如果产品经理在开发人员眼里是值得信赖的，是考虑问题周全的，那么在做需求的时候，团队就会回报更高的开发效率和准确度，在请求开发人员帮助调查问题或者处理 BUG 的时候，他们就会更加乐意执行，不会三番四次地怀疑和推诿。因此，产品经理的影响力可以使团队协作更加积极高效。

3. 如何打造产品经理的影响力

（1）提升自身专业素养

所谓产品经理的专业素养，主要体现在需求的跟进能力、文档能力、产品方向感等方面。日常工作中要注意提升自身基本技能和业务素质，同时也要积极主动提出有建设性的建议，形成自己职场的专业能力磁场。

（2）抓住每一次完成任务的机会

在职场中，一旦接受或承担了某项工作任务，就要认真贯彻执行。将任务完美完成，可以提升自己的影响力。因此产品经理要主动抓住每一次做任务的机会，努力把事情做好，形成良性循环。

（3）建立自己的影响力“储蓄账户”

如果把自己在团队中的影响力看作成一个“储蓄账户”，那么平时就要努力做好储蓄，以此带来工作的认可和成就。需要注意两点：第一，不能仅仅把“业绩”当成储蓄的对象，因为业绩背后的“信任力”才是持久的，而业绩是有时效性的；第二是不能将“关系”当作储蓄的对象，因为人脉圈子是脆弱的，过分依赖，只会带来负面的影响作用。

4. 打造互联网产品的影响力

产品经理除了打造自己的影响力外，还要注重对产品影响力的塑造。

（1）互联网产品的影响力

互联网产品的影响力就是互联网产品对用户、市场、社会等带来的影响。互联网产品的影响力主要体现在两方面，一方面是产品影响的深度，另一方面是产品影响的广度。前者依赖于产品自身的质量，即解决用户痛点的能力和效果；后者依赖于用户规模、品牌效应、社会效应等。

（2）如何提高互联网产品的影响力

①提高产品自身的质量

什么样的产品是好产品，想必不能一概而论。比如对于内容型产品，用户可能更关注的是内容的质量和价值；对于娱乐型产品，用户可能更关注的是用户体验；对于理财产品，用户可能更关注的是产品的安全性等。

对内，在产品设计的过程中，产品经理要始终明确并围绕产品的核心定位 、需求痛点、用户画像等硬指标，避免产品成为“四不像”。

对外，面对激烈的市场竞争和未知的风险，推出产品时要尽量出奇制胜，抓住机会、放大自身的优势、规避风险、转化劣势，最终实现产品价值，提高产品的质量。

②提高产品的影响范围

产品是用户的产品，因此提高产品的影响范围，归根结底要提高用户数量和黏性。

首先要重视和培养产品的第一批种子用户。然后随着产品的迭代，不断推进拉新、留存、裂变，直至爆发，形成烈火燎原之势。在这条推广的主线上，贯穿着各种提升用户量的方法策略，比如扩大品牌影响力、数据辅助运营、精准营销等。

5. 总结

互联网时代是一个信息过剩的时代，也是一个注意力稀缺的时代。如何让产品在同质化严重的诸多产品中脱颖而出，是互联网时代的重要话题。“影响力”便是其中的一把钥匙。不管是产品经理自身的影响力，还是互联网产品的影响力，都需要产品经理努力打造，并恰当运用。

6.4 不动如山：深度思考能力

互联网产品的深度和极致，归根结底依赖于产品经理的深度思考能力。产品经理思考的深度，关乎产品的价值层次和前进的距离。

1. 产品经理如何做到深度思考

（1）从表象开始逐层分析到问题本质

我们先来想象如下一个场景。

在下午茶休息时，领导约你喝咖啡。谈笑间，领导问：“最近工作怎么样啊，上个季度的‘优秀产品经理’名单里没看到你的名字啊？”

你的心里一颤：“这是要优化我吗？”然后故作淡定道：“是啊，这次我们组的钢弹儿是优秀产品经理。”

领导说：“不要紧张，我们只是随便聊怎么改进工作。那你觉得为什么钢弹儿是优秀的呢？”

你放松了情绪想了下，说：“钢弹儿记忆力好啊，钢弹儿表达力强啊，钢弹儿懂业务啊……”然后再补充了一句：“他是我应该学习的榜样。”

但是领导还是摇了摇头，说：“你说的都对，但是你说的都只是表象，试着深入分析下？”

在这个场景中，领导似乎想听到关于钢弹儿为什么优秀的深层次分析。要弄清楚这个问题，你就需要有一种从表象开始逐层分析到问题本质的能力。

首先，思考对方的目的。领导不是想知道一个正确的答案，而是想知道一个有用的答案。这是需要明确的大方向。

其次，回答中的看似正确的答案其实并没有触及问题的本质，而是用一个看似合理的外表掩盖了对问题的剖析。比如“钢弹儿记忆力好”，那么钢弹儿为什么记忆力好？或许并不是他记忆力好，而是因为他每天都做笔记，回顾一天的工作经过、不足和收获；比如“钢弹儿表达力强”，那么钢弹儿为什么表达力强？或许是因为他每次在回答之前要停顿2～3秒，深思熟虑，采用三段式回答；比如“钢弹儿懂业务”，那么钢弹儿为什么懂业务？或许是因为他和业务用户相处在一起的时间超过了坐在电脑边写方案的时间。

那么分析到这里就够了吗？这其实只分析到第二层，你还可以继续往下分析，比如钢弹儿每天做笔记是否占用很多时间，钢弹儿在表达时是否曾提前准备了相关知识，钢弹儿跟业务用户在一起时是否遭到业务用户的厌烦？

接下来，还可以继续分析。

这个方法很简单，就是尽量让答案不再夹带不可知因素，这样才能解析出问题最深层次的原因。我们称其为“剥洋葱法”，像MECE法则一样不断拆解。

这样做的好处就是：你最终能找到一份可以被其他人当作操作指南的方案，而这才是有价值的。

产品经理在处理业务问题的时候，也应该用这种指导思想。

（2）还原事件现场，验证产品解决方案

后端产品经理经常接收的需求是业务用户提供的。有时候业务用户是在发生事故之后提出需求的，这时候你就像柯南一样面对着案发现场。你在分析完线索之后，尝试着还原一下现场，看看遗漏了什么。比如下面这个场景。

> 业务要求改数据，将订单的购买数量由 5 个修改为 1 个（需要修改数据库），原因是实际用户购买和发出的商品个数是 1 个，但是系统显示的数量是 5 个。

看起来这是很合理的一件事情：顾客实际买 1 个，业务人员误操作成了 5 个，若不处理的话，不仅会影响顾客，而且会导致库存记录比真实的情况少 4 个，还误导前端网站展示错误的可售商品数量。

看起来需求可行，目标明确，价值清晰。初步方案分两步走：第一步修改数据库数据，将“5”改成“1”；第二步重新同步系统之间的可用库存数据，实现前端的可售数据正常化。

你开心地将方案丢给了开发人员，但是实际上却忽略了很多东西。

让我们思考下，为什么仓库实际发货了 1 个，到订单系统就变成了 5 个了？究竟是哪个环节出了问题？顾客付了几个的钱？是不是这个功能有漏洞啊？

再次盘问业务人员，才知道这是“虚拟发货”的数据。所谓“虚拟发货”也就是说：货物不是我们仓库发出去的，而是第三方平台帮我们发的。我们处理的订单信息只是在数据层面上的，只是在做数据流完善而已。

于是，我们就明白了：因为是“虚拟发货”订单，所以发货出库的数据要业务人员手动录入系统。业务人员手动录入的时候，手误将出售个数“1”录成“5”，所以导致错误。

由于我们知道，系统是自动按照“单价×数量”得到总金额的，因此可以断定，目前的总金额也应该是计算错误的。如果强制修改数据库，那么不仅要修改销售个数，还要更改总金额。

如此一来，由原本单纯的修改售出个数，演变为修改售出个数、修改总金额、确认库存扣减逆向机制等多项任务。是不是有种拔出萝卜带出泥的感觉？

其实你遇到这类问题时会发现业务用户知道的很少，要靠产品经理引导才能找到问题的核心，而业务用户一开始说的问题核心，往往并不是真正的问题核心。

（3）结合实现机制分析可行方案

订单拆包在电商行业中是重要的业务场景之一。拆包规则是业务用户在系统中配置的。如果订单命中拆包规则，则系统将订单中的商品分开打包、发货。

某一天业务用户反馈说，上述规则造成了将主产品和赠品拆开、将赠品单独发货的情况，这样就造成了免费送产品还搭路费的亏本买卖。因此业务用户期望，如果系统遇到拆出来的包裹里面全是赠品的情况，则不允许拆包。

接到的需求是很明确也很合理的。初步方案就是：在命中拆包规则后，增加判断，若拆包后的包裹中全是赠品，则不允许拆包。

作为产品经理，上面的方案似乎说清了需求，至于后面怎么实现是开发人员的事情——然而，如果就这样把需求提给开发人员，那就是工作不及格。因为上面的方案只说出了现状和期望，没有具体谈到实现方案和路线的深入分析。正确的思路是：在明确业务需求之后，调研现在的实现逻辑，以探索未来的实现机制。

于是回到这个案例上。首先，我们要调研拆包的现实业务场景是什么样的。

场景一：在顾客下单的商品中，有一部分是缺货的，顾客愿意部分收货，于是先令有货的那一部分发货，余下的等到货后再发。这种情况表现出来的就是，一个订单被拆成多个包裹，不能同时发出。

场景二：顾客购买的是 A 商品和 B 商品，但是本地仓库只有 A 商品，B 商品需要从其他仓库发出，而从其他仓库调货过来一起打包发货的话需要花费时间和运输成本，整体算下来，还不如各自从所在的仓库发出，因此从公司经营角度出发就出现了拆包的现象。

由此我们可以看出，正因为部分商品缺货，才会导致拆包事件。换句话说，如果没有部分商品缺货的情况出现，那么系统压根就不会拆包。

进一步调研发现，拆包规则主要是决定该如何拆，而不是判断拆不拆。换言之，如果订单中部分商品缺货，则匹配拆包规则，在匹配成功后按照该规则进行拆包。如果运算了拆包规则（怎么拆），那么结果就一定是拆包的（规则只是告诉系统该怎么拆）。

我们在了解背景逻辑之后，再看上面的方案。如果在运算拆包规则的时候加入分析赠品问题，就会增加无效运算，并且逻辑纠缠度增大。因此，方案应该放在拆包流程的前面，也就是在判断拆不拆的时候，将本需求的场景加入进去。换言之，在出现赠品需要单独发送的情况时，订单就不会进入拆包规则环节，这样流程归属就清晰了。

最终的方案应该是：在判断订单的部分商品缺货之后，增加新的判断内容——满足如下任何一个条件的订单不能匹配拆包规则，①主产品库存完全满足，但赠品库存并非完全满足（部分缺货或全部缺货）；②主产品库存完全缺货。

（4）总结

后端产品系统的功能常常不是“所见即全部”，所见常常只是系统的冰山一角，背后有着复杂的支撑逻辑。在需求分析的时候，应从流程切入，将处于混沌状态的原流程剖析出来，将新增内容放到合适的位置，描述新增内容的判断逻辑。因此，需求分析不只是分析出要实现的目标，更要分析出需要实现目标的深层机制和逻辑。

2. 如何培养深度思考的习惯

从产品经理的职业来看，深度思考的能力是产品经理必须要具备的。那么，如何培养深度思考的习惯呢？

（1）多思考

一个好的产品人无时无刻不在思考。不仅思考工作，也思考生活中的点滴细节。比如有一道传统小吃叫“胡辣汤”：把花椒胡椒、淀粉/面粉、花生、豆皮、海带等烩在一起，用小火熬，却越熬越香，边熬边吃。这东西看起来黑乎乎的，为什么会有这么多人吃得津津有味呢？

“为什么”三个字就像一种神经冲动，给人带来联想。因为美味吗，是不是麻辣胡椒对味蕾的刺激导致的？是为了保暖驱寒吗，是不是因为喝了之后让身体暖和？因为喝了上瘾吗，类似槟榔一样？还是因为穷，才吃这些黏糊糊的东西吗？

基于初步猜想，我们可以一步深入思考：这种食物的主要成分是淀粉或面粉，淀粉来自红薯或土豆，面粉来自小麦，它们都是经典的高产量的救命口粮，想象一下，在灾荒年间，人们饥寒交迫，就从各自家里搜出这些杂七杂八的食材，放一起烩，能吃饱就可以度过荒年，于是这种具有历史根源的小吃就成了广大民众的“心头好”。

以上是不是很合理的猜想呢？其实答案对错并不重要，重要的是保持这种思考的习惯和逻辑递推的能力。这样就会获得更多的知识，而知识本身就是新思路延伸下去的素材和路引。

（2）形成思考套路

深度思考问题要有维度。比如5W2H就是一种思考维度的工具，像列清单一样列举各个维度下对问题的考量，并逐步向更深层次进行拓展。

深度思考问题要有原则。比如MECE分析法，在思考的过程中不要漏掉某项，同时每项要素思路之间不要有交叉重叠。

深度思考要有路径。所谓产品思维深度，就是引导围绕核心思想扩展，向纵向延伸，向横向延伸、向上延伸、向下延伸，探测深度价值。

（3）重视工作中思考时间的比重和思考的专注力

重业务逻辑的产品就像冰山一样，顾客看到完美的一块冰，后端产品就要默默支撑一座山。因此产品经理在遇到需求和问题的时候，不要着急想解决方法，不要急于出方案，而要像挖树一样，从更远处开始，才能获取更深远的信息。所以产品经理要将更多时间花在方案的思考上。

不仅要在思考上投入时间，还要保证思考的专注性。要集中注意力，体力充沛，萎靡状态只会把自己拖进更深的疲惫中，根本产生不了有价值的结果。因此，在工作中要确保有一段专注的思考，可以找一个外界安静的环境，甚至进入忘我的状态。

（4）避免常见的归因偏差

归因是我们分析问题的一个基本方法。当进行归因分析时，我们通常是带有个人主观判断的，因此会有归因偏差。归因偏差是指大多数人具有的无意或非完全有意地，将个人行为及其结果进行不准确归因的现象。

避免常见的归因偏差，目的是确保思考的内容和方向的正确性，这样才能确保深度思考的价值。

3. 总结

有深度的事物更具魅力。追求深度，就是杜绝浅尝辄止和流于表面。产品本身需要有深刻的执念和内核，产品经理要有深刻的思考论断和处事态度。深度思考是发现潜在价值和微创新的起点，追求深度是产品经理应当具备的精神品格。

后 记

本书以笔者工作经历和个人总结为背景，聊了笔者认为作为后端产品经理所必须知道的知识和技能。重点包括数据库查询、系统对接、数据传输、需求调研、典型模块、逻辑校验、项目管理、数据分析等内容。

本书是在工作的间隙中完成的，由于个人能力和时间有限，书中会有很多不尽如人意的地方，期望读者可以谅解，并真诚欢迎批评指正、探讨交流。

笔者在此感谢在职业生涯中遇到的师长、同事和其他贵人，他们的帮助和点拨让笔者在后端产品经理的道路上得到锻炼和提升。很感谢电子工业出版社工作人员的指引和帮助。很感谢家人、朋友的支持与鼓励。

最后，期望这本小小作品能给需要的人一点点帮助，幸甚至哉。

赵世哲

2019 年 9 月